BELOS SAPATINHOS DE CROCHÊ PARA BEBÊS

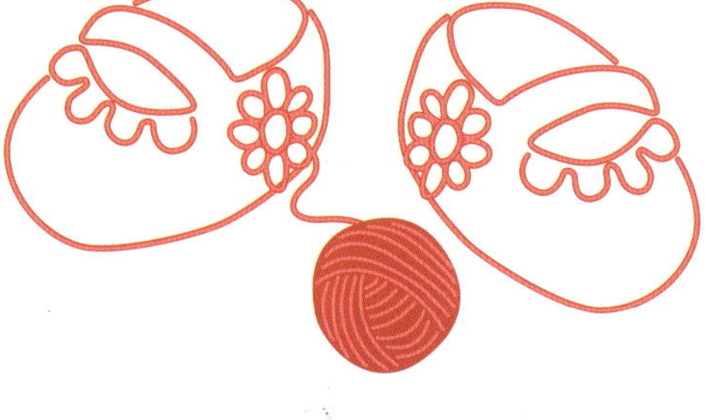

Título original: *Super Cute Crochet for Little Feet*

Publicado originalmente na Grã-Bretanha em 2014 pela Quantum Publishing, 6 Blundell Street, Londres N7 9BH, Inglaterra.

Coordenação do projeto: Publifolha
Editora-assistente: Naira Gomes dos Santos
Produtora gráfica: Samantha R. Monteiro

Produção editorial: A2
Coordenação: Sandra R. F. Espilotro
Tradução: Sonia Augusto
Consultoria: Beatriz Medina
Preparação de texto: Ronald Polito
Revisão: Maria A. Medeiros, Carmen T. S. Costa

Edição original: Quantum Publishing Ltd.
Publisher: Sarah Bloxham
Gerente editorial: Hazel Eriksson
Editora do projeto: Anna Southgate
Design: Blanche Williams por Harper Williams Ltd.
Modelo: Isia Campbell
Fotografias da modelo: Sussie Bell
Outras fotografias: Sussie Bell
Gerente de produção: Rohana Yusof

Dados Internacionais de Catalogação na Publicação (CIP)
(Câmara Brasileira do Livro, SP, Brasil)

Apala, Vita

Belos sapatinhos de crochê para bebês : 30 modelos charmosos para pequenos pezinhos / Vita Apala ; [tradução Sonia Augusto]. -- 1. ed. -- São Paulo : Publifolha, 2015.

Título original: Super cute crochet for little feet.
ISBN 978-85-7914-578-0

1. Atividades criativas 2. Crochê 3. Trabalhos manuais I. Título. II. Série.

15-00571 CDD-746.434

Índices para catálogo sistemático:
1. Crochê : Artesanato : Trabalhos manuais : Artes 746.434

Este livro segue as regras do Acordo Ortográfico da Língua Portuguesa (1990), em vigor desde 1º de janeiro de 2009.

Impresso na 1010 Printing International Ltd., China.

PUBLIFOLHA
Divisão de Publicações do Grupo Folha
Al. Barão de Limeira, 401, 6º andar
CEP 01202-900, São Paulo, SP
Tels.: (11) 3224-2186/2187/2197
www.publifolha.com.br

BELOS SAPATINHOS DE CROCHÊ PARA BEBÊS

30 modelos charmosos
para pequenos pezinhos

Vita Apala

PUBLIFOLHA

sumário

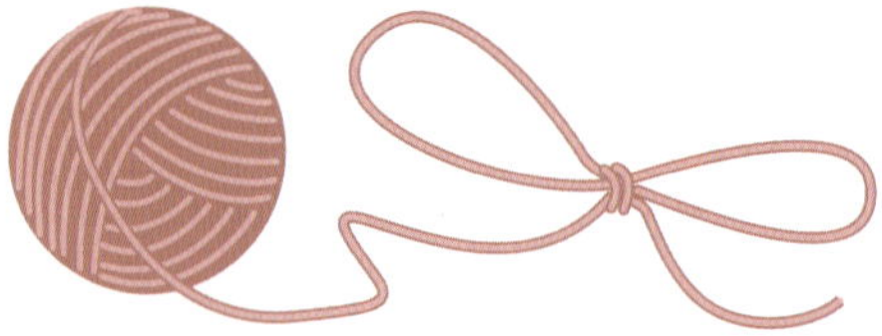

introdução

Há muitos anos gosto de trabalhos manuais. Aprendi crochê quando era muito jovem, e foi minha avó quem me ensinou. Um pouco mais tarde, foi a vez de minha mãe me ensinar a tricotar e deixei o crochê de lado por algum tempo para me dedicar só ao tricô. Quando me tornei mãe, descobri que tinha mais tempo e inspiração para artesanato do que antes, e foi nessa época que voltei ao crochê. Desde então, não larguei mais minha agulha.

Nem preciso dizer que o crochê é viciante. Também é muito prático – bom para quem está com crianças por perto. Todo o trabalho envolve só uma laçada e uma agulha, então há menos chance de um projeto ser muito danificado se acabar nas mãozinhas dos "ajudantes". Além disso, o crochê é muito mais rápido do que o tricô, e isso é essencial para mães ocupadas.

Sempre gostei de criar meus próprios projetos. Comecei a publicar alguns deles on-line e houve tanto interesse que passei a escrever minhas receitas com mais regularidade. Foi assim que a loja e o blog Mon Petit Violon foram criados.

Este livro contém 30 projetos de sapatinhos de bebê para todos os climas e ocasiões. Todas as receitas são baseadas em modelos adultos, e você poderá apresentar a moda a seus filhos desde o berço, combinando as roupinhas com os calçados!

As receitas estão divididas em três capítulos: "Sapatos", "Botinhas" e "Sandálias". Os sapatos são os mais fáceis de fazer e incluem modelos para meninos e meninas. São perfeitos para mudanças de estação e dias mais frios. As botinhas, embora um pouco mais demoradas, também são fáceis, além de essenciais para os meses mais frios do ano. Dependendo do clima e do local onde você mora, pode torná-las mais

Como usar as receitas

Nível de dificuldade:
I indica as receitas mais simples; III, as mais complexas.

Fio:
O símbolo da espessura do fio é uma indicação rápida do tipo de fio usado. Consulte a tabela da página 134.

Amostra:
Sempre se recomenda verificar a amostra antes de começar o projeto, para garantir as medidas corretas e um bom resultado.

Pontos & habilidades:
Referência rápida às técnicas explicadas no final do livro. Use a seção "abc do crochê" como guia.

quentes usando outro tipo de fio – alpaca e lã são opções muito boas. Para invernos suaves ou botinhas de verão, use algodão ou linho. As sandálias são projetos mais complexos, mas valem o esforço e são perfeitas para o guarda-roupa de verão do bebê.

As receitas apresentam diferentes níveis de dificuldade, mas muitas podem ser feitas por iniciantes (o nível I é o mais simples e o nível III é o mais desafiador). Cada receita tem instruções detalhadas e fotos esclarecedoras. Seguindo as orientações carreira a carreira (ou volta a volta), você terá ótimos resultados e aprenderá técnicas que usará depois em seus próprios projetos.

No final do livro, há instruções para fazer os pontos básicos e alguns especiais que estão nos projetos, além de uma lista das abreviações usadas para descrevê-los. Se você tiver um bebê muito ativo, veja as dicas para os sapatinhos ficarem firmes nos pés e siga as orientações para fazer uma sola antiderrapante.

Espero que você goste dessas receitas tanto quanto gostei de criá-las.

Bom crochê!

Vita Apala

sapatos

Vibrantes, alegres e sempre na moda, esses sapatinhos vão fazer seu bebê se destacar na multidão. De sapato brogue e mocassim a sapatilha de balé, sapato de festa e sapato boneca, há estilos para todas as ocasiões.

sapatilha de balé

Escolha ideal para uma bailarina em botão, essas sapatilhas são feitas em uma só cor do calcanhar à ponta dos dedos. Mude a cor do fio para combinar com o tutu preferido da bailarina.

Nível de dificuldade: I

Tamanhos

Para idades:

0-6 meses, comp. da sola: 9 cm
6-12 meses, comp. da sola: 10 cm
Mudanças para 6-12 meses estão entre [ ]

Fio

3

25 g de fio fino-médio
Vermelho

Agulhas & aviamentos

Agulha para crochê de 3,25 mm
(agulhas para crochê, p. 133)

Amostra

10 pt. e 10 carr. em p.b. = 5 cm × 5 cm

Abreviações

p. 134

Pontos & habilidades

(abc do crochê, pp. 133-41)

Pontos especiais:

2p.b.jt.

Técnicas:

Trabalho em carreiras
Trabalho circular
União de fios
Sola 1

Sapatos

Os dois pés são feitos do mesmo modo.

Sola

Faça a Sola 1.

Arremate.

Cabedal

Una o fio ao pt. central do calcanhar da sola.

Carr. 1: 1corr., p.b. no pt. base da corr., p.b. nos próx. 45[49]pt., vire.

Carr. 2-3: 1corr., p.b. nos próx. 45[49] pt., vire.

Carr. 4: 1corr., p.b. nos próx. 15[17]pt. *pule próx. pt., p.b. no próx. pt., rep. * mais 1 vez, p.b. nos próx. 8pt. *pule próx. pt., p.b. no próx. pt., rep. * mais 1 vez, p.b. nos próx. 15[17]pt., vire.

Carr. 5: 1corr., p.b. nos próx. 14[16]pt. *pule próx. pt., p.b. no próx. pt., rep. * mais 1 vez, p.b. nos próx. 6pt. *pule próx. pt., p.b. no próx. pt., rep. * mais 1 vez, p.b. nos próx. 14[16]pt., vire.

Carr. 6: 1corr., p.b. nos próx. 13[15]pt. *pule próx. pt., p.b. no próx. pt., rep. * mais 1 vez, p.b. nos próx. 4pt. *pule próx. pt., p.b. no próx. pt., rep. * mais 1 vez, p.b. nos próx. 13[15]pt., vire.

Carr. 7: 1corr., p.b. nos próx. 12[14]pt. *pule próx. pt., p.b. no próx. pt., rep. * mais 1 vez, p.b. nos próx. 2pt. *pule próx. pt., p.b. no próx. pt., rep. * mais 1 vez, p.b. nos próx. 12[14]pt., vire.

Carr. 8: 1corr., p.b. nos próx. 11[13]pt. *pule próx. pt., p.b. no próx. pt., rep. * mais 3 vezes, p.b. nos próx. 11[13]pt., vire (foto 1). Com o avesso para fora e direito com direito, junte as bordas do calcanhar: una as duas partes com p.bx. enfiando a agulha nas duas camadas (foto 2).

Deixe uma ponta longa, una o fio ao pt. do meio da frente. Faça p.bx. em volta do sapatinho. Arremate, deixe uma ponta longa (foto 3). Dê um laço com as pontas. Esconda as outras pontas.

sapato boneca

Com tiras trançadas e botões de margarida, esse modelo gracioso é uma tentação. Quem não gostaria de ter um desses para usar nas festas de verão?

Nível de dificuldade: II

Tamanhos

Para idades:
0-6 meses, comp. da sola: 9 cm
6-12 meses, comp. da sola: 10 cm
Mudanças para 6-12 meses estão entre [ ]

Fio

3

Cor principal (Cp):
25 g de fio fino-médio
Verde-claro

Cores contrastantes (Cc):
Um pouco de fio fino-médio
Branco, amarelo

Agulhas & aviamentos

Agulha para crochê de 3,25 mm
(agulhas para crochê, p. 133)
Agulha de tapeçaria

Amostra

10 pt. e 10 carr. em p.b. = 5 cm × 5 cm

Abreviações

p. 134

Pontos & habilidades

(abc do crochê, pp. 133-41)

Técnicas usadas:
Trabalho em carreiras
Trabalho circular
União de fios
Sola 1

Sapatos

Siga instruções diferentes para os cabedais direito e esquerdo.

Sola

Faça a Sola 1 com a Cp.
Não arremate e continue com o cabedal do pé direito.

Cabedal do pé direito

Com a Cp.

Volta 1: 1corr., p.b. nos próx. 46[50]pt., una com p.bx. no 1º p.b.

Volta 2: rep. a volta 1.

Volta 3: 1corr., p.b. nos próx. 6[7]pt., pule os próx. 2pt., p.a. nos próx. 14[16] pt., pule os próx. 2pt., p.b. nos próx. 22[23]pt., una com p.bx. no 1º p.b. (foto 1).

Volta 4: 1corr., p.b. nos próx. 6[7] pt., pule os próx. 2pt., p.a. nos próx. 10[12]pt., pule os próx. 2pt., p.b. nos próx. 22[23]pt., una com p.bx. no 1º p.b.

Volta 5: 1corr., p.b. nos próx. 6[7]pt., *pule próx. p.a., p.b. no próx. p.a.; rep. * mais 4[5] vezes, p.b. nos próx. 8[9] pt., m.p.a. nos próx. 14pt., una com p.bx. no 1º p.b.

Volta 6: 1corr., p.b. nos próx. 19[22] pt., *pule próx. pt., p.b. no próx. pt.; rep. * mais 6 vezes, una com p.bx. no 1º p.b. (foto 2). Não arremate; continue a tira como segue: p.bx. nos próx. 2p.b., *12corr., p.b. na 2ª corr. a partir da ag., p.b. nas corr. seg., p.bx. no próx. p.b. (na direção dos dedos); rep. * mais 2 vezes. Arremate (foto 3).

dica

As flores mostradas na página 17 são usadas como botões, mas você pode substituí-las por botões de verdade, se preferir. Outra opção é pôr um botão no centro da flor e costurar os dois juntos.

Cabedal do pé esquerdo

Faça as voltas 1-6 como no cabedal direito. Arremate. Continue a tira assim: una o fio ao lado oposto do sapato (foto 4) e faça *12corr., p.b. na 2ª corr. a partir da ag., p.b. nas corr. seg., p.bx. no próx. p.b. a partir das 12 corr.; rep. * mais 2 vezes. Arremate (foto 5).

Nos dois pés: use os três cordões crochetados e faça uma trança, deixando-os bem frouxos. Você ainda deve ver os pontos – faça uma tira larga. Corte um fio longo e costure o final da trança para firmar (foto 6). Tire o fio da agulha e insira a ag. de crochê por um lado da trança (onde está o fio), lç. e puxe (foto 7). Agora você tem um ponto na agulha. Faça 6corr., p.bx. no lado oposto da trança para fazer uma alça (foto 8). Vire e faça 8p.b. na alça. Arremate (foto 9).

Borda

Com a Cc (branco).

Marque os 7 pontos centrais dos dedos. Com o direito voltado para

você, una o fio ao pt. marcado mais à direita.

Volta 1: *4corr., p.bx. no próx. p.b.; rep. * mais 5 vezes. Arremate (foto 10).

Flor

Com a Cc (amarelo).

Anel de base: 4corr., una com p.bx.

Volta 1: 1corr., 9p.b. no anel, mude para fio branco e faça 1p.bx. na 1ª corr. da volta.

Volta 2: *3corr., p.bx. no próx. pt.; rep. * mais 8 vezes (9 pétalas feitas). Arremate (foto 11). Costure a flor na borda externa do sapato, alinhada com a ponta da tira, para servir de botão. Esconda as pontas de fio.

pantufa clássica

Nível de dificuldade: II

Tamanhos

Para idades:
0-6 meses, comp. da sola: 9 cm
6-12 meses, comp. da sola: 10 cm
Mudanças para 6-12 meses estão entre [ ]

Fio

Cor principal (Cp):
25 g de fio fino-médio
Azul-claro
Cor contrastante (Cc):
25 g de fio fino-médio
Branco

Agulhas & aviamentos

Agulha para crochê de 3,25 mm
(agulhas para crochê, p. 133)

Amostra

10 pt. e 10 carr. em p.b. = 5 cm × 5 cm

Abreviações

p. 134

Pontos & habilidades

(abc do crochê, pp. 133-41)
Pontos especiais:
p.a. relevo fte.
p.a. relevo trás
2p.a.jt.
Técnicas:
Trabalho em carreiras
Trabalho circular
União de fios
Sola dupla 1

Quando se quer relaxar um pouco em casa, o que pode ser mais confortável do que um bom par de pantufas? Com base nesse modelo clássico, a cor do cabedal pode ser mudada para agradar a todos os gostos.

Sapatos

Os dois pés são feitos do mesmo modo.

Sola

Faça a sola dupla 1 com a Cc.
Arremate.

Frente

Com a Cp. Para os dois tamanhos. Marque os 7 pontos centrais dos dedos. Com o direito voltado para você, una o fio ao pt. marcado mais à direita. Nos p.bx. feitos para unir as solas, faça:

Carr. 1: 1corr., 2p.b. na base da corr., 2p.b. em cada um dos próx. 6pt., p.bx. nos próx. 2p.bx. da sola, vire (foto 1).

Carr. 2: pule 2p.bx., p.a. nos próx. 14 pt., pule próx. p.bx. da sola, p.bx. nos próx. 2p.bx. da sola, vire.

Carr. 3: pule 2p.bx., *1p.a. relevo fte. ao redor próx. pt., 1p.a. relevo trás ao redor próx. pt.; rep. * mais 6 vezes, pule próx. p.bx. da sola, p.bx. nos próx. 2p.bx. da sola, vire (foto 2).

Carr. 4: pule 2p.bx., *1p.a. relevo trás ao redor próx. pt., 1p.a. relevo fte. ao redor próx. pt.; rep. * mais 6 vezes, pule próx. p.bx. da sola, p.bx. nos próx. 2p.bx. da sola, vire.

Carr. 5-6: rep. carr. 3 e 4.

Carr. 7: pule 2p.bx., p.b. nos próx. 14 pt. (foto 3). Continue com a parte de trás.

Parte de trás e laterais
Com a Cp.
Carr. 1: p.b. nos próx. 22[26]p.bx. da sola, p.bx. no 1º p.b. da frente, vire (foto 4).
Carr. 2: pule p.bx., p.b. nos próx. 22[26]pt., p.bx. no próx. p.b. da frente, vire.
Carr. 3-5: rep. carr. 2 mais 3 vezes (foto 5).
Carr. 6: pule p.bx., p.b. nos próx. 5[6] pt., 2p.a.jt. 6[7] vezes, p.b. nos próx. 5[6]pt., p.bx. no próx. p.b. da frente, vire (foto 6).

Borda
Com a Cp.
Carr. 1: pule p.bx., p.b. nos próx. 16[19] pt., p.bx. no próx. pt. da frente; não vire, faça p.b. nos próx. 3pt. da frente, 5p.a. no próx. pt., p.b. nos próx. 3pt., p.bx. no próx. pt. (foto 7). Arremate. Esconda as pontas de fio.

dica

Crie sua variação para a frente do sapatinho mantendo os 14 pontos como base. Até algo simples como ponto baixo em vez de ponto alto em relevo pela frente e por trás dará outro efeito.

Nível de dificuldade: II

Tamanhos

Para idades:
0-6 meses, comp. da sola: 9 cm
6-12 meses, comp. da sola: 10 cm
Mudanças para 6-12 meses estão entre [ ]

Fio

25 g de fio fino-médio
Rosa-bebê

Agulhas & aviamentos

Agulha para crochê de 3,25 mm (agulhas para crochê, p. 133)
Agulha de tapeçaria

Amostra

10 pt. e 10 carr. em p.b. = 5 cm × 5 cm

Abreviações

p. 134

Pontos & habilidades

(abc do crochê, pp. 133-41)
Pontos especiais:
Leque
Técnicas:
Trabalho em carreiras
Trabalho circular

sapatilha de ponta

Essas sapatilhas incríveis são ideais para uma primeira bailarina. Elas não têm sola e são feitas a partir dos dedos. Faça-as em creme, azul-claro ou, como aqui, em rosa-bebê.

Sapatos

Os dois pés são feitos do mesmo modo.

Dedos

Anel de base: 4corr., una com p.bx. na 1ª corr.

Volta 1: 3corr. (conta como 1º p.a.), 23p.a. no anel, una com p.bx. na 3ª das 3 corr. (foto 1).

Volta 2: 1corr., *pule 2pt., leq. no próx. pt, pule 2 próx. pt., p.b. no próx. pt.; rep. * mais 3 vezes, mas na últ. rep., em vez do últ. p.b., una com p.bx. na 1ª corr. (foto 2).

Volta 3: 5corr., 1p.a. no pt. da base da 5ª corr., *p.b. no 2º p.a. do próx. leq., leq. no próx. p.b.; rep. * mais 2 vezes, p.b. no 2º p.a. do próx. leq., 1p.a. no msm. pt. do 1º p.a. da volta 3, 2corr., una com p.bx. na 3ª das 5 corr.

Volta 4: 1corr., *leq. no próx. p.b., p.b. no 2º p.a. do próx. leq.; rep. * mais 3 vezes; na últ. rep., em vez do últ. p.b., una com p.bx. na 1ª corr. Rep. voltas 3 e 4 mais 1 vez para 0-6 meses; mais 2 vezes para 6-12 meses (foto 3). Não arremate e cont. com o calcanhar.

Calcanhar

Carr. 1: 1corr., p.b. nos próx. 18pt. e espaços (o últ. leq. não será trabalhado), vire.

Carr. 2: 1corr., p.b. nos próx. 18pt., vire. Rep. carr. 2 mais 6 vezes. Arremate (foto 4).

Aba do calcanhar

Una o fio ao 7º ponto a partir da borda esq. do calcanhar.

Carr. 1: 1corr., p.b. na base da 1ª corr., p.b. nos próx. 5pt., p.bx. nos próx. 2p., vire (foto 5).

Carr. 2: pule 2p.bx., p.b. nos próx. 6p.b., p.bx. nos próx. 2p.b. (os que ficaram sem trabalhar no lado do calcanhar), vire (foto 6).

Carr. 3-4: rep. 2 vezes a carr. 2.

Carr. 5: pule 2p.bx., p.b. nos próx. 6p.b., p.bx. no próx. p.b. da borda do calcanhar, vire.

Carr. 6: pule p.bx., p.b. nos próx. 6p.b., p.bx. no próx. p.b. da borda do calcanhar, vire.

Carr. 7-8: rep. carr. 6 mais 2 vezes (foto 7).

Borda: Volta 1: 1corr., faça p.b. em toda a volta do sapatinho, una com p.bx. no 1º p.b. Arremate.

Cordão

40corr., p.b. no 1º pt. da aba do calcanhar (foto 8), p.b. nos próx. 5pt., 40corr. Arremate (foto 9). Esconda as pontas.

6

7

8

9

sapato brogue

Complete o guarda-roupa de um bebê bem-vestido com sapatinhos em dois tons. O calcanhar e a biqueira são feitos em cor contrastante, imitando com perfeição o modelo clássico.

Nível de dificuldade: II

Tamanhos

Para idades:

0-6 meses, comp. da sola: 9 cm
6-12 meses, comp. da sola: 10 cm
Mudanças para 6-12 meses estão entre [ ]

Fios

3 1

Cor principal (Cp):
25 g de fio fino-médio
Creme

Cor contrastante (Cc):
Um pouco de fio fino
Marrom-escuro

Agulhas & aviamentos

Agulha para crochê de 3,25 mm (agulhas para crochê, p. 133)
Agulha de tapeçaria

Amostra

10 pt. e 10 carr. em p.b. = 5 cm × 5 cm

Abreviações

p. 134

Pontos & habilidades

(abc do crochê, pp. 133-41)

Pontos especiais:
2p.b.jt.

Técnicas:
Trabalho em carreiras
Trabalho circular
Trabalho nas alças da frente e de trás
União de fios
Sola dupla 1
Cordão torcido

Sapatos

Os dois pés são feitos do mesmo modo.

Sola

Faça a Sola dupla 1 com a Cp. Arremate.

Frente

Com a Cc. Marque os 7 pontos centrais dos dedos. Com o direito voltado para você, una o fio no pt. marcado mais à direita. Trabalhe nos p.bx. feitos para unir as solas da seguinte maneira:

Carr. 1: 1corr., 2p.b. na base da corr., 2p.b. em cada um dos próx. 6pt., p.bx. nos próx. 2p. da sola, vire (foto 1, p. 20).

Carr. 2: pule 2p.bx., p.b. nos próx. 14pt., pule próx. p.bx. da sola, p.bx. no próx. pt. da sola, vire.

Carr. 3: pule p.bx., p.b. nos próx. 14pt., pule próx. p.bx., p.bx. no próx. pt. da sola, vire. Rep. carr. 3 mais 3[5] vezes. Arremate (foto 1).

Parte de trás e laterais

Com a Cp. Para os dois tamanhos. Una o fio ao pt. do centro do calcanhar da sola (13pt. de cada lado). Trabalhe só nas alças de trás dos p.bx. usados para unir as solas:

Volta 1: 1corr., pule pt. na base da corr., p.b. nos próx. 13pt., pule p.bx., p.b. no 1º pt. da frente, p.b. no próx. pt., *ao longo da frente, 2p.b.jt., p.b. nos próx. 2pt.; rep. * mais 2 vezes, p.b. nos próx. 13pt., una com p.bx. no 1º p.b. (foto 2).

Volta 2: 1corr., p.b. nos próx. 13pt., pule próx. pt., p.b. nos próx. 9pt., pule próx. pt., p.b. nos próx. 13pt., una com p.bx. no 1º p.b.

Volta 3: 3corr. (conta como 1º p.a.), p.a. nos próx. 10pt., p.b. nos próx. 3pt., pule próx. pt., p.b. nos próx. 7pt., pule próx. pt., p.b. nos próx. 3pt., p.a.

nos próx. 10pt., una com p.bx. na 3ª das 3 corr. (foto 3).

Volta 4: 1corr., p.b. nos próx. 13pt., pule próx. pt., p.b. nos próx. 5pt., pule próx. pt., p.b. nos próx. 13pt., una com p.bx. no 1º p.b.

Volta 5: 1corr., p.b. nos próx. 13pt., pule próx. pt., p.b. nos próx. 3pt., pule próx. pt., p.b. nos próx. 13pt., una com p.bx. no 1º p.b. Arremate.

Calcanhar

Com a Cc. Una o fio ao 6º pt. a partir da frente e comece a trabalhar só na alça da frente dos p.bx. usados para unir a sola e criar a sola dupla.

Carr. 1: 1corr., p.b. no pt. da base da corr., p.b. nos próx. 16pt., vire (foto 4).

Carr. 2: 1corr., pule próx. pt., p.b. em cada pt. até restarem 2pt., pule próx. pt, p.b. no últ. pt., vire.

Carr. 3-8: rep. carr. 2 mais 6 vezes. Arremate. Una o fio ao 1º pt. da 1ª carr. e trabalhe p.b. ao longo da borda das carr. do calcanhar. Arremate (foto 5). Enfie a Cc numa agulha e costure o calcanhar à parte de trás do sapato com ponto-atrás (foto 6). Tome o cuidado de não atravessar completamente a 2ª camada; assim, a costura não fica visível. Esconda as pontas de fio. Com a Cc, faça um cordão torcido com 35 cm. Com a agulha de crochê, passe o cordão pela frente do sapatinho.

sapato vazado

Um modelo adorável para o guarda-roupa de verão. Use a cor que preferir e divirta-se escolhendo botões em formatos diversos ou com brilho.

Nível de dificuldade: II

Tamanhos

Para idades:
0-6 meses, comp. da sola: 9 cm
6-12 meses, comp. da sola: 10 cm
Mudanças para 6-12 meses estão entre [ ]

Fio

4

25 g de fio fino-médio
Creme

Agulhas & aviamentos

Agulha para crochê de 3,5 mm
2 botões

Amostra

9 pt. e 10 carr. em p.b. = 5 cm × 5 cm

Abreviações

p. 134

Pontos & habilidades

(abc do crochê, pp. 133-41)

Pontos especiais:
Grupo (gr.)
Leque de grupos (leq.gr.)

Técnicas:
Trabalho circular
Trabalho nas alças da frente e de trás
Sola 2

Sapatos

Siga instruções diferentes para os cabedais direito e esquerdo.

Sola

Faça a Sola 2.
Não arremate e continue com o cabedal do pé direito.

Cabedal do pé direito

Volta 1: trabalhe só nas alças de trás; 1corr., p.b. nos próx. 42[46]pt., una com p.bx. no 1º p.b.

Volta 2: trabalhe nas duas alças; 1corr., p.b. nos próx. 42[46]pt., una com p.bx. no 1º p.b.

Volta 3: 1corr., p.b. nos próx. 9[11]pt., pule os próx. 3pt., leq.gr. no próx. pt., pule os próx. 3pt., p.b. nos próx. 26[28] pt., una com p.bx. no 1º p.b. (foto 1).

Volta 4: 1corr., p.b. nos próx. 6[8]pt., 1corr., pule próx. 3p.b., *pule próx. gr., p.b. no próx. esp. de 3corr., 1corr.; rep. * mais 2 vezes, pule últ gr., pule próx. 3p.b., p.b. nos próx. 23[25]pt., una com p.bx. no 1º p.b. (foto 2).

Volta 5: 1corr., p.b. nos próx. 4[5] pt., 3corr., pule próx. 5[6]pt. (1ª corr. conta como pt.), p.b. no próx. p.b., 3corr., pule próx. 5[6]pt. (1ª corr. conta como pt.), p.b. nos próx. 21[22]pt., una com p.bx. no 1º p.b. Continue com a tira assim: 12[14]corr., p.b. na 7ª corr. a partir da ag., p.b. nas corr. seg., p.bx. no próx. p.b. Arremate (foto 3).

Cabedal do pé esquerdo

Voltas 1-4: como no cabedal do pé direito.

Volta 5: 1corr., p.b. nos próx. 4[5]pt., 3corr., pule próx. 5[6]pt. (1ª corr. conta como pt.), p.b. no próx. p.b., 3corr., pule próx. 5[6]pt. (1ª corr. conta como pt.), p.b. nos próx. 5[6]pt. Continue com a tira assim: 12[14]corr., p.b. na 7ª corr. a partir da ag., p.b. nas corr. seg., p.bx. no próx. p.b., p.b. nos próx. 15[15] pt., una com p.bx. na 1ª corr. Arremate.

Esconda as pontas. Pregue um botão em cada sapato para fechar a tira.

Nível de dificuldade: I

Tamanhos

Para idades:
0-6 meses, comp. da sola: 9 cm
6-12 meses, comp. da sola: 10 cm
Mudanças para 6-12 meses estão entre [ ]

Fio

3

Cor principal (Cp):
25 g de fio fino-médio
Creme

Cores contrastantes (Cc):
Um pouco de fio fino-médio
Verde, vermelho

Agulhas & aviamentos

Agulha para crochê de 3,25 mm
(agulhas para crochê, p. 133)
Agulha de tapeçaria

Amostra

10 pt. e 10 carr. em p.b. = 5 cm × 5 cm

Abreviações

p. 134

Pontos & habilidades

(abc do crochê, pp. 133-41)

Pontos especiais:
2p.b.jt.

Técnicas:
Trabalho circular
Trabalho nas alças da frente e de trás
União de fio
Sola 1

sapatilha com cereja

Como não gostar desse modelinho tão gracioso? Um cabedal clássico creme com um debrum verde que forma duas folhinhas na frente do sapato. As cerejas são feitas separadamente e costuradas ao final.

Sapatos

Os dois pés são feitos do mesmo modo.

Sola

Faça a Sola 1 com a Cp.
Não arremate e continue com o cabedal.

Cabedal

Com a Cp.

Volta 1: trabalhe só nas alças de trás; 1corr., p.b. nos próx. 45[49]pt., una com p.bx. no 1º p.b.

Voltas 2-4: trabalhe nas duas alças, rep. a volta 1 (foto 1).

Volta 5: 1corr., p.b. nos próx. 4[6]pt., 2p.b.jt. 11[11] vezes, p.b. nos próx. 19[21] pt., una com p.bx. no 1º p.b. (foto 2).

Volta 6: una a Cc (verde), 1corr., p.b. nos próx. 3[5]pt., 5corr., pule próx. 6pt., p.b. no próx. pt., 5corr., pule próx. 6pt., p.bx. no próx. pt. (foto 3). Vire, 5corr., pule 5corr., p.b. no próx. p.b., 5corr., pule próx. 5corr., p.bx. no próx. p.b. (foto 4). Vire, 5corr., pule próx. 5corr., p.b. no próx. p.b., 5corr., pule próx. 5corr., p.b. no msm. pt. do p.bx., p.b. nos próx. 17[19]pt., una com p.bx. no 1º p.b. Arremate.

Cerejas

Com a Cc (vermelho); faça 4.

Anel de base: 3corr., una com p.bx.

Volta 1: 1corr., 8p.b. no anel, una com p.bx. no 1º p.b. Arremate, mas deixe uma ponta comprida para costurar as duas cerejas no sapatinho. Esconda as pontas de fio.

Nível de dificuldade: II

Tamanhos

Para idades:
0-6 meses, comp. da sola: 9 cm
6-12 meses, comp. da sola: 10 cm
Mudanças para 6-12 meses estão entre [ ]

Fio

Cor principal (Cp):
25 g de fio fino-médio
Cinza-claro
Cor contrastante (Cc):
Um pouco de fio fino-médio
Rosa-pálido

Agulhas & aviamentos

Agulha para crochê de 3,25 mm
(agulhas para crochê, p. 133)
Agulha de tapeçaria

Amostra

10 pt. e 10 carr. em p.b. = 5 cm × 5 cm

Abreviações

p. 134

Pontos & habilidades

(abc do crochê, pp. 133-41)
Pontos especiais:
2p.b.jt.
Técnicas:
Trabalho em carreiras
Trabalho circular
Trabalho nas alças da frente e de trás
Sola 1

sapato de festa

Nenhuma festa está completa sem um calçado elegante. A linda rosa é feita aberta e se fecha em botão ao ser costurada na frente do sapatinho.

Sapatos

Os dois pés são feitos do mesmo modo.

Sola

Faça a Sola 1 com a Cp.
Não arremate e continue com o cabedal.

Cabedal

Com a Cp.

Vire a sola com o avesso voltado para você; trabalhe pelo avesso desse modo:

Volta 1: trabalhe só na alça da frente; 1corr., p.b. nos p.bx. da volta anterior (47[51]p.b.), p.b. nos próx. pt., una com p.bx. no 1º p.b.

Volta 2: trabalhe nas duas alças, 1corr., pule pt. na base da corr., *p.b. no próx. pt., p.a. no próx. pt.; rep. * mais 22[24] vezes, una com p.bx. no 1º p.b.

Volta 3: 1corr., p.b. nos próx. 46[50] pt., una com p.bx. no 1º p.b.

Volta 4: 1corr., *p.b. no próx. pt., p.a. no próx. pt.; rep. * mais 22[24] vezes, una com p.bx. no 1º p.b.

Volta 5: 1corr., p.b. nos próx. 22pt., 2p.b.jt. 8[10] vezes, p.b. nos próx. 8pt., una com p.bx. no 1º p.b. (foto 1).

Volta 6: 1corr., *p.b. no próx. pt., p.a. no próx. pt.; rep. * mais 18[19] vezes, una com p.bx. no 1º p.b.

Volta 7: 1corr., p.b. nos próx. 22[21]pt., 2p.b.jt. 4[6] vezes, p.b. nos próx. 8[7] pt., una com p.bx. no 1º p.b.

dica

Trabalhe pelo avesso depois que a sola estiver pronta. Isso é muito importante para a receita dar certo.

Volta 8: 1corr., *p.b. no próx. pt., p.a. no próx. pt.; rep. * mais 16 vezes, una com p.bx. no 1º p.b.

Vire o sapato para o direito (foto 2). Não arremate e faça as tiras assim: 25corr., p.b. no p.bx. da base das 25 corr., p.b. nos próx. 15pt. da parte de trás, 25corr., p.bx. na base das 25 corr. Arremate (foto 3).

Flor

Com a Cc.

Correntinha de base: 20corr.
Carr. 1: 3p.a. na 4ª corr. a partir da agulha, *pule próx. corr., (p.b., 2corr., 3p.a.) na próx. corr.; rep. * até últ. 2 corr., pule próx. corr., p.b. na últ. corr. Arremate, mas deixe uma ponta comprida (foto 4). Enfie-a na agulha de tapeçaria. Começando pela últ. pétala e costurando, enrole a carr. de pétalas para formar uma base plana com as corr. de base (foto 5). Prenda a flor na frente do sapato (foto 6). Esconda as pontas.

4

5

6

Nível de dificuldade: III

Tamanhos

Para idades:
0-6 meses, comp. da sola: 9 cm
6-12 meses, comp. da sola: 10 cm
Mudanças para 6-12 meses estão entre [ ]

Fio

50 g de fio fino-médio
Turquesa

Agulhas & aviamentos

Agulha para crochê de 3,25 mm
(agulhas para crochê, p. 133)
4 botões

Amostra

10 pt. e 10 carr. em p.b. = 5 cm × 5 cm

Abreviações

p. 134

Pontos & habilidades

(abc do crochê, pp. 133-41)
Pontos especiais:
2p.a.jt.
ponto caranguejo
Técnicas:
Trabalho em carreiras
Trabalho circular
União de fios
Sola 1

tamanco clog

Com tira fixada no tornozelo, esse clássico de verão é uma versão divertida da papete de plástico. Para dar um tom autêntico, use cores fortes e brilhantes ou faça a tira em cor contrastante.

Sapatos

Os dois pés são feitos do mesmo modo.

Sola

Faça a Sola 1. Arremate.

Cabedal

Una o fio ao ponto central do calcanhar da sola.

Carr. 1: trabalhe só nas alças de trás; 3corr. (conta como 1º p.a.), p.a. nos próx. 45[49]pt., vire.

Carr. 2: trabalhe nas duas alças; 1corr. (não conta como ponto), p.b. na base da corr., enfie a agulha no msm. pt. e puxe uma lç., enfie a agulha no próx. pt. e puxe uma lç., puxe a últ. lç. pelas duas que já estavam na agulha, *enfie a agulha no msm. pt. do últ. pt. completado, puxe uma lç., enfie a agulha no próx. pt. e puxe uma lç., puxe a últ. lç. pelas duas que já estavam na agulha; rep. * até o últ. pt. (45[49]pt.), p.bx. na 3ª das 3 corr. da carr. 1, vire.

Carr. 3: 3corr. (conta como 1º p.a.), trabalhe só nas alças de trás, pule p.bx., p.a. nos próx. 10[12]pt., 2p.a.jt. 12 vezes, p.a. nos próx. 11[13]pt., vire (foto 1).

Carr. 4: trabalhe nas duas alças, 1corr. (não conta como ponto), p.b. na base da corr., enfie a agulha no msm. pt. e puxe uma lç., enfie a agulha no próx. pt. e puxe uma lç., puxe a últ. lç. pelas duas que já estavam na agulha, *enfie a agulha no msm. pt. do últ. pt. completado, puxe uma lç., enfie a agulha no próx. pt. e puxe uma lç., puxe a últ. lç. pelas que já estavam na agulha; rep. * até o últ. pt. (33[37]pt.), p.bx. na 3ª das 3 corr. da carr. 3, vire.

Carr. 5: trabalhe só nas alças de trás; 3corr. (conta como 1º p.a.), pule p.bx., p.a. nos próx. 7[9]pt., *pule 2pt., p.a. no próx. pt.; rep. * mais 5 vezes, p.a. nos próx. 8[10]pt. (foto 2). Vire a peça pelo avesso e feche o calcanhar com p.bx. Arremate. Vire o sapato para o direito.

Borda

Una o fio ao pt. central de trás do sapato.

Volta 1: 1corr., ponto caranguejo em todos os pt., una com p.bx. no 1º p.b. Arremate (foto 3).

Tira

Correntinha de base: 25[27]corr.

Carr. 1: 3p.b. na 2ª corr. a partir da agulha, p.b. em todas as corr. (24[26] p.b.), vire.
Carr. 2: 1corr. (não conta como pt.), p.b. no 1º pt., enfie a agulha no msm. pt. e puxe uma lç., enfie a agulha no próx. pt. e puxe uma lç., puxe a últ. lç. pelas duas que já estavam na agulha, *enfie a agulha no msm. pt. do últ. pt. completado, puxe uma lç., enfie a agulha no próx. pt. e puxe uma lç., puxe a últ. lç. pelas duas lç. que já estavam na agulha; rep. * até o fim (24[26]pt.), vire.
Carr. 3: trabalhe só nas alças de trás; 1corr., p.b. nos próx. 24[26]pt. Arremate (foto 4). Esconda as pontas.

Coloque um botão em uma das pontas da tira e costure de um lado do sapato. Posicione o segundo botão na ponta oposta e costure no outro lado. Repita no outro pé.

dica

Atenção na carr. 2 do cabedal e da tira. É preciso puxar a últ. lç. pelas duas que já estão na agulha (e não fazer uma lç. e depois passá-la por todas as que já estão na agulha).

Nível de dificuldade: III

Tamanhos

Para idades:
0-6 meses, comp. da sola: 9 cm
6-12 meses, comp. da sola: 10 cm
Mudanças para 6-12 meses estão entre [ ]

Fios

3 1

Cor principal (Cp):
50 g de fio fino-médio
Marrom-claro
Cor contrastante (Cc):
Um pouco de fio de bebê
Creme

Agulhas & aviamentos

Agulha para crochê de 3,25 mm
(agulhas para crochê, p. 133)

Amostra

10 pt. e 10 carr. em p.b. = 5 cm × 5 cm

Abreviações

p. 134

Pontos & habilidades

(abc do crochê, pp. 133-41)
Pontos especiais:
2p.a.jt.
Técnicas:
Trabalho em carreiras
Trabalho circular
Trabalho nas alças da frente e de trás
Trabalho na alça restante
União de fios
Sola 1
Cordão torcido

mocassim

Quem busca conforto sempre encontra no mocassim a escolha perfeita para ficar em casa de pijamas. Essa versão tem todos os detalhes do original: cadarços contrastantes e borda com franjas.

Sapatos

Os dois pés são feitos do mesmo modo.

Sola

Faça a Sola 1 com a Cp.
Não arremate e continue com o cabedal.

Cabedal

Com a Cp.

Volta 1: trabalhe só nas alças de trás; 1corr., p.b. nos próx. 45[49]pt., una com p.bx. no 1º p.b.

Voltas 2-4: trabalhe nas duas alças; rep. a volta 1.

Volta 5: trabalhe nas duas alças, 1corr., p.b. nos próx. 5[6]pt.; trabalhe só na alça de trás, 2p.a.jt. 9[10] vezes; trabalhe nas duas alças, p.b. nos próx. 22[23]pt., una com p.bx. no 1º p.b. (foto 1).

Volta 6: 1corr., p.b. nos próx. 3[4]pt., pule próx. 2pt., p.a. nos próx. 9[10] pt., pule os próx. 2pt., p.b. nos próx. 20[21]pt., una com p.bx. no 1º p.b., p.bx. nos próx. 3[4]pt., vire. Continue com a parte de trás, trab. em carr. (foto 2).

Parte de trás

Com a Cp.

Carr. 1: 1corr., p.b. nos próx. 4[5]pt., p.b. nos próx. 19[20]pt., vire.

Carr. 2: 1corr., p.b. nos próx. 23[25] pt., vire.

Carr. 3-8: rep. carr. 2.

Carr. 9: *6corr., p.bx. no próx. pt.; rep. * até o fim, vire (foto 3). Dobre a parte de trás, juntando a carr. 8 à carr. 1, faça p.bx. nos pt. das carr. 8 e 1 para unir (foto 4).

Lingueta

Com a Cp. Trabalhe em 9[10]p.a. da frente.

Carr. 1: 1corr., p.b. no pt. da base da corr., p.b. nos próx. 8[9]pt., vire (foto 5).

Carr. 2: 1corr., p.b. nos próx. 9[10]pt., vire.

Carr. 3-5: rep. carr. 2.

Carr. 6: 1corr., pule próx. p.b., p.b. nos próx. 6[7]pt., pule o próx. pt., p.b. no últ. pt. Arremate (foto 6).

Borda

Com a Cp. Com o direito para fora, una o fio ao lado direito das alças rest. da volta 5 do cabedal, p.bx. em todas elas. Arremate (foto 7). Esconda as pontas. Faça um cordão torcido de 50 cm com Cc. Com a agulha de crochê, passe o cordão pela borda dobrada do alto do sapato (foto 8).

botinhas

Os bebês vão adorar essa bela coleção de botinhas coloridas. Os estilos atendem ao gosto e às necessidades da garotada moderna, e há algo para cada ocasião: botinha esportiva para os atletas, bota com laço vintage para festas elegantes e bota de trabalho para aquelas horas em que é preciso pegar no pesado!

Nível de dificuldade: I

Tamanhos

Para idades:
0-6 meses, comp. da sola: 9 cm
6-12 meses, comp. da sola: 10 cm
Mudanças para 6-12 meses estão entre [ ]

Fio

3

Cor principal (Cp):
50 g de fio fino-médio
Rosa-pálido
Cor contrastante (Cc):
25 g de fio fino-médio
Branco

Agulhas & aviamentos

Agulha para crochê de 3,25 mm
(agulhas para crochê, p. 133)
Agulha de tapeçaria

Amostra

10 pt. e 10 carr. em p.b. = 5 cm × 5 cm

Abreviações

p. 134

Pontos & habilidades

(abc do crochê, pp. 133-41)
Pontos especiais:
2p.b.jt.
Técnicas:
Trabalho em carreiras
Trabalho circular
Trabalho nas alças da frente e de trás
Sola 1

bota vintage

Esse fofíssimo par de botas tem efeito rendado nos tornozelos e um laço contrastante na lateral. São belas botinhas que dão um toque de elegância a qualquer roupinha.

Botinhas

Os dois pés são feitos do mesmo modo.
Não arremate e continue com o cabedal.

Cabedal

Com a Cp. Trabalhe só nas alças de trás (voltas 1-10).

Volta 1: 1corr., pule pt. na base da corr., p.b. nos próx. 45[49]pt., una com p.bx. no 1º p.b.

Voltas 2-3: rep. volta 1 (foto 1).

Volta 4: 1corr., p.b. nos próx. 6pt., *pule próx. pt., p.b. no próx. pt.; rep. * mais 8[10] vezes, p.b. nos próx. 21pt., una com p.bx. no 1º p.b.

Volta 5: 1corr., p.b. nos próx. 4pt., *pule próx. pt., p.b. no próx. pt.; rep. * mais 5[6] vezes, p.b. nos próx. 20pt., una com p.bx. no 1º p.b.

Volta 6: 1corr., p.b. nos próx. 30[31]pt., una com p.bx. no 1º p.b.

Volta 7: 1corr., p.b. nos próx. 3pt., *pule próx. pt., p.b. no próx. pt.; rep. * mais 4[4] vezes, p.b. nos próx. 17[18]pt., una com p.bx. no 1º p.b.

Volta 8: 1corr., p.b. nos próx. 25[26] pt., una com p.bx. no 1º p.b.

Voltas 9-10: rep. volta 8 (foto 2).

Trabalhe nas duas alças:

Volta 11: 3corr. (conta como 1º p.a.), p.a. no próx. pt., *pule próx. pt., 1corr., p.a. nos próx. 2pt.; rep. * mais 7 vezes, 1corr., una com p.bx. na 3ª das 3corr. [pule últ. pt.].

Volta 12: 5corr., pule próx. p.a., p.a. no próx. espaço de 1corr., *2corr., pule próx. 2 p.a., p.a. no próx. espaço de 1corr.; rep. * mais 7 vezes, una com p.bx. na 3ª das 5corr.

Volta 13: 1corr., *5p.a. no próx. espaço de 2corr., pule próx. p.a., p.b. no próx. espaço de 2corr.; rep. * mais 4 vezes, mas na últ. rep., em vez de p.b., faça p.bx. no p.bx. da volta anterior. Arremate (foto 3).

Laço

Com a Cc.

Carr. 1: 3corr., p.b. na 2ª corr. a partir da agulha, p.b. na próx. corr., vire.

Carr. 2: 1corr., 2p.b. em cada um dos próx. 2pt., vire.

Carr. 3: 1corr., p.b. nos próx. 4pt., vire.

Carr. 4-11: rep. carr. 3 mais 8 vezes.

Carr. 12: 1corr., 2p.b.jt. 2 vezes, vire.

Carr. 13: 1corr., 2p.b. em cada um dos próx. 2pt., vire.

Carr. 14-22: rep. carr. 3 mais 9 vezes.

Carr. 23: 1corr., 2p.b.jt. 2 vezes.
Junte as duas pontas e una com p.bx.
Arremate, deixando uma ponta longa.

Tira do laço

Com a Cc.

Carr. 1: 4corr., p.b. na 2ª corr., p.b. nas próx. corr., vire.
Carr. 2: 1corr., p.b. nos próx. 3pt., vire.
Carr. 3-5: rep. carr. 2 mais 3 vezes.
Carr. 6: 3corr. (conta como 1º p.a.), pule próx. pt., p.a. no últ. pt., vire.
Carr. 7: 1corr., 2p.b. no próx. pt., 1p.b. no próx. pt., vire.
Carr. 8-11: rep. carr. 2 mais 4 vezes.
Arremate (foto 4).

Passe o laço a ferro para a costura ficar bem no meio, coloque o laço sobre a tira e enrole a ponta de fio algumas vezes em volta do laço. Enfie a ponta de fio na agulha de tapeçaria e costure o laço na lateral externa de cada botinha. Esconda as pontas.

dica

Essas botas elegantes também ficam bonitas em azul, violeta e verde. Você pode fazer os laços um pouco menores, se preferir. Basta usar um fio mais fino e agulha de crochê menor.

Nível de dificuldade: I

Tamanhos

Para idades:

0-6 meses, comp. da sola: 9 cm
6-12 meses, comp. da sola: 10 cm
Mudanças para 6-12 meses estão entre [ ]

Fio

50 g de fio fino-médio
Azul-claro

Agulhas & aviamentos

Agulha para crochê de 3,25 mm
(agulhas para crochê, p. 133)
4 botões
Agulha de tapeçaria

Amostra

10 pt. e 10 carr. em p.b. = 5 cm × 5 cm

Abreviações

p. 134

Pontos & habilidades

(abc do crochê, pp. 133-41)

Pontos especiais:

2p.b.jt.
8p.a.jt.

Técnicas:

Trabalho em carreiras
Trabalho circular
Trabalho nas alças da frente e de trás
Sola 1

bota com botões

Botinhas muito graciosas para deixar o bebê na moda. Próprias para tons pastel com botões contrastantes, têm uma aba superposta simples no tornozelo e são ajustáveis e confortáveis.

Botinhas

Siga instruções diferentes para as tiras direita e esquerda.

Sola

Faça a Sola 1.
Não arremate e continue com o cabedal.

Cabedal

Volta 1: trabalhe só nas alças de trás; 1corr., p.bx. na base da corr., p.b. nos próx. 45[49]pt., una com p.bx. no 1º p.b.

Voltas 2-4: trabalhe nas duas alças; rep. a volta 1 (foto 1).

Volta 5: 1corr., p.b. nos próx. 3[5]pt., *2p.b.jt., p.b. no próx. pt.; rep. * mais 7 vezes, p.b. nos próx. 18[20]pt., una com p.bx. no 1º p.b.

Volta 6: 1corr., p.b. nos próx. 3[5]pt., 2p.b.jt. 8 vezes, p.b. nos próx. 18[20] pt., una com p.bx. no 1º p.b. (foto 2).

Volta 7: 1corr., p.b. nos próx. 3[5]pt., 8p.a.jt., p.b. nos próx. 18[20]pt., una com p.bx. no 1º p.b. (foto 3).
Não arremate e faça a tira em carr., assim:

Pé direito: Carr. 1: 16[17]corr., vire, p.a. na 4ª corr. a partir da agulha (as corr. contam como 1º p.a.), p.a. nas próx. corr., p.a. nos próx. 24[28]pt. do cabedal na direção do calcanhar (incluindo o p.bx. da volta anterior), vire (foto 4).

Pé esquerdo: arremate. Una o fio

dica

Essas botinhas ficam lindas também em duas ou mais cores. Mude o fio em cada volta para criar um belo efeito listrado.

ao 9º[13º]pt. do cabedal, contando a partir do 1º p.b.

Carr. 1: 16[17]corr., vire, p.a. na 4ª corr. a partir da agulha (as corr. contam como 1º p.a.), p.a. nas próx. corr., p.a. no msm. pt. do últ. p.bx., faça p.a. nos próx. 23[27]pt. ao redor do cabedal, na direção do calcanhar, e volte até a corr. inicial, vire (foto 5).

Nos dois pés: Carr. 2: 3corr. (conta como 1º p.a.), p.a. nos próx. 37[42]pt. (o últ. p.a. sempre feito na 3ª das 3corr.) (38[43]p.a.), vire.

Carr. 3-6: rep. carr. 2 (foto 6); 1corr., faça p.b. espaçados por igual na borda da tira (foto 7). Arremate.

Esconda as pontas de fio. Costure dois botões em cada botinha para prender as tiras. Não há casas de botão; use os espaços entre os p.a. para abotoar e ajustar melhor a tira ao tornozelo.

4

5

6

7

Nível de dificuldade: I

Tamanhos

Para idades:
0-6 meses, comp. da sola: 9 cm
6-12 meses, comp. da sola: 10 cm
Mudanças para 6-12 meses estão entre [ ]

Fio

3

Cor principal (Cp):
50 g de fio fino-médio
Laranja
Cores contrastantes (Cc):
Um pouco de fio fino-médio
Marrom-escuro, prata

Agulhas & aviamentos

Agulha para crochê de 3,25 mm
(agulhas para crochê, p. 133)
Agulha de tapeçaria

Amostra

10 pt. e 10 carr. em p.b. = 5 cm × 5 cm

Abreviações

p. 134

Pontos & habilidades

(abc do crochê, pp. 133-41)
Pontos especiais:
2p.a.jt.
ponto caranguejo
Técnicas:
Trabalho circular
Trabalho nas alças da frente e de trás
Sola 1

bota de caubói

Esse belo par de botinhas de cano curto tem tiras laterais, corrente e esporas – é perfeito para uma festa country. Escolha uma cor semelhante à de couro: preto, marrom-escuro ou caramelo.

Botinhas

Os dois pés são feitos do mesmo modo.

Sola

Faça a Sola 1 com a Cp.
Não arremate e continue com o cabedal.

Cabedal

Volta 1: trabalhe só nas alças de trás; 1corr., p.b. nos próx. 46[50]pt., una com p.bx. no 1º p.b.

Volta 2: trabalhe nas duas alças; 3corr. (conta como 1º p.a.), p.a. nos próx. 5[6]pt., 2p.a.jt. 9[10] vezes, p.a. nos próx. 23[24]pt., una com p.bx. na 3ª das 3corr. (foto 1).

Volta 3: 1corr., p.b. nos próx. 37[40] pt., una com p.bx. no 1º p.b.

Volta 4: 3corr. (conta como 1º p.a.), p.a. nos próx. 3[4]pt., 2p.a.jt. 7[8] vezes, p.a. nos próx. 20[20]pt., una com p.bx. na 3ª das 3corr.

Volta 5: 1corr., p.b. nos próx. 30[32] pt., una com p.bx. no 1º p.b. (foto 2).

Volta 6: 3corr. (conta como 1º p.a.), p.a. nos próx. 30[32]pt., una com p.bx. na 3ª das 3corr.

Volta 7: rep. a volta 6.

Volta 8: 3corr. (conta como 1º p.a.), p.a. nos próx. 3[3]pt., p.b. nos próx. 8[9]pt., p.a. nos próx. 7[7]pt., p.b. nos próx. 9[10]pt., p.a. nos próx. 3[3]pt., una com p.bx. na 3ª das 3corr. (foto 3).

Volta 9: 1corr., p.b. nos próx. 3[3]pt., p.bx. nos próx. 8[9]pt., p.b. nos próx. 7[7]pt., p.bx. nos próx. 9[10]pt., p.b. nos próx. 3[3]pt., una com p.bx. no 1º p.b. Arremate.

Tira

Com a Cp.

Correntinha de base: 15corr.

Volta 1: 1p.b. na 2ª corr. a partir da agulha, p.b. nas próx. 12corr., (3p.a., 1corr., 3p.a.) na últ. corr.; volte pelo outro lado da corr. e faça p.b. nos próx. 13pt. Arremate (foto 4). Costure a tira na lateral externa da bota (foto 5).

Espora

Com a Cc (prata).

Anel de base: 4corr., una com p.bx. na 1ª corr.

Volta 1: 1corr., 6p.b. no anel, una com p.bx. no 1º p.b.

Volta 2: *4corr., p.bx. na 3ª corr. a partir da agulha, 1corr., p.bx. no próx. p.b.; rep. * mais 6 vezes, faça o últ. p.bx. da últ. repetição na base da 1ª das 4 corr. Arremate (foto 6).

Corrente

Com a Cc (prata).

Correntinha de base: 15corr.

Carr. 1: p.bx. na 2ª corr. a partir da agulha, *1corr., pule 1corr., p.bx. na próx. corr.; rep. * até o fim. Arremate. Passe a corrente pelo meio do anel de base da espora (foto 7). Costure as duas pontas na parte de trás da bota (foto 8).

Calcanhar

Com a Cc (marrom-escuro). Trabalhe nas alças restantes da sola, una o fio ao 4º pt. a partir da linha de junção, faça p.b. espaçados por igual ao redor (foto 9). Una com p.bx. no 1º p.b. (foto 10). Não vire. Faça pt. caranguejo (foto 11) até o pt. correspondente do outro lado da sola. Arremate (foto 12). Esconda as pontas.

Nível de dificuldade: II

Tamanhos

Para idades:
0-6 meses, comp. da sola: 8,5 cm
6-12 meses, comp. da sola: 9,5 cm

Fio

3

Cor principal (Cp):
25 g de fio fino-médio
Marrom
Cor contrastante (Cc):
25 g de fio fino-médio
Creme

Agulhas & aviamentos

Agulha para crochê de 3,25 mm
(agulhas para crochê, p. 133)

Amostra

10 pt. e 10 carr. em p.b. = 5 cm × 5 cm

Abreviações

p. 134

Pontos & habilidades

(abc do crochê, pp. 133-41)
Pontos especiais:
2p.a.jt.
Técnicas:
Trabalho circular
Trabalho nas alças da frente e de trás
União de fios
Sola 1

bota de pele

Essas aconchegantes botas de "pele" são uma delícia para caminhar nos dias frios de inverno. O barrado flocado é feito alternando sempre as voltas de arcos de correntinha com voltas de pontos baixos.

Botinhas

Os dois pés são feitos do mesmo modo.

Sola

Faça a Sola 1 com a Cp.
Não arremate e continue com o cabedal.

Cabedal

Com a Cp.

Volta 1: trabalhe só nas alças de trás; 1corr., pule o pt. na base da corr., p.b. nos próx. 45[49]pt., una com p.bx. no 1º p.b.

6-12 meses: Volta de dim.: trabalhe nas duas alças; 1corr., p.b. nos próx. 11pt., pule próx. 2pt., p.a. nos próx. 9pt., pule próx. 2pt., p.b. nos próx. 25pt., una com p.bx. no 1º p.b.

Nos dois tamanhos: trabalhe nas duas alças.

Volta 2: 1corr., p.b. nos próx. 9pt., pule próx. 2pt., p.a. nos próx. 9pt., pule próx. 2pt., p.b. nos próx. 23pt., una com p.bx. no 1º p.b.

Volta 3: 1corr., p.b. nos próx. 7pt., pule próx. 2pt., p.a. nos próx. 9pt., pule próx. 2pt., p.b. nos próx. 21pt., una com p.bx. no 1º p.b.

Volta 4: 1corr., p.b. nos próx. 5pt., pule próx. 2pt., p.a. nos próx. 9pt., pule próx. 2pt., p.b. nos próx. 19pt., una com p.bx. no 1º p.b.

Volta 5: 1corr., p.b. nos próx. 3pt., pule próx. 2pt., p.a. nos próx. 9pt., pule próx. 2pt., p.b. nos próx. 17pt., una com p.bx. no 1º p.b.

Volta 6: 3corr., p.a. nos próx. 3pt., 2p.a.jt. 5 vezes, p.a. nos próx. 16pt., una com p.bx. na 3ª das 3corr. (foto 1).

Volta 7: una a Cc, *6corr., p.bx. na alça da fte. do próx. pt.; rep. * até o fim, não una (foto 2). (24 arcos feitos)

Volta 8: 1corr., p.b. na alça de trás dos próx. 24pt. da volta 6, una com p.bx. no 1º p.b. (foto 3).

Voltas 9-18: rep. voltas 7 e 8 mais 5 vezes. Arremate.

Nível de dificuldade: II

Tamanhos

Para idades:

0-6 meses, comp. da sola: 9 cm
6-12 meses, comp. da sola: 10 cm
Mudanças para 6-12 meses estão entre [ ]

Fios

4 3

Cor principal (Cp):
50 g de fio médio
Cru

Cor contrastante (Cc):
Um pouco de fio fino-médio
Cinza-chumbo

Agulhas & aviamentos

Agulha para crochê de 3,5 mm

Amostra

9 pt. e 9 carr. em p.b. = 5 cm × 5 cm

Abreviações

p. 134

Pontos & habilidades

(abc do crochê, pp. 133-41)

Pontos especiais:
2p.b.jt.
2p.a.jt.

Técnicas:
Trabalho em carreiras
Trabalho circular
Trabalho nas alças da frente e de trás
União de fios
Sola 2
Cordão torcido

bota de camurça

Essas botas são macias e ideais para um estilo sofisticado e casual. Neutras, de cor natural, são básicas e combinam perfeitamente com jeans, calças para o dia a dia e shorts.

Botinhas

Os dois pés são feitos do mesmo modo.

Sola

Faça a Sola 2 com a Cp.
Não arremate e continue com o cabedal.

Cabedal

Com a Cp. Trabalhe pelo avesso.

Nota: 1corr. não conta como ponto.

Volta 1: trabalhe só nas alças da fte.; 1corr., pule o p.bx., *p.b. no próx. pt., m.p.a. no próx. pt.; rep. * até o fim (42[46]pt.), una com p.bx. no 1º p.b.

Trabalhe nas duas alças:

Volta 2: 1corr., *m.p.a. no próx. pt., p.b. no próx. pt.; rep. * até o fim (42[46] pt.), una com p.bx. no 1º p.b.

Volta 3: 1corr., *p.b. no próx. pt., m.p.a. no próx. pt.; rep. * até o fim (42[46]pt.), una com p.bx. no 1º p.b. (foto 1).

Volta 4: 1corr., *m.p.a. no próx. pt., p.b. no próx. pt.; rep. * mais 8 vezes, *pule próx. pt., p.b. no próx. pt.; rep. * mais 8[10] vezes, rep. de novo 2 vezes sem a 1ª corr., una com p.bx. no 1º p.b. Vire a botinha pelo direito. Continue a trabalhar na direção da fte.

Volta 5: 1corr., pule p.bx., p.b. nos próx. 3pt., pule próx. 2pt., 2p.a.jt. 4[5] vezes, pule próx. 2pt., p.b. nos próx. 18pt., una com p.bx. no 1º p.b., p.bx. nos próx. 3pt. (foto 2).

Não arremate; vire e continue com o tornozelo.

dica

Para fazer botinhas mais altas, rep. carr. 1 e 2 do tornozelo duas vezes (em vez de uma) e rep. carr. 2 da lingueta seis vezes (em vez de quatro). Faça uma alcinha a mais de cada lado para o cadarço.

Tornozelo

Com a Cp. Para os dois tamanhos. Trabalhe em carr. de ida e volta.

Carr. 1: 1corr., *m.p.a. no próx. pt., p.b. no próx. pt.; rep. * mais 10 vezes ao longo da parte de trás, vire (foto 3).

Carr. 2: 1corr., p.b. nos próx. 22pt., vire.

Carr. 3-4: rep. carr. 1 e 2. Não vire no final da carr. 4.

Faça alcinhas na lateral para o cadarço:

Carr. 5: *3corr., pule próx. carr., p.bx. na próx. carr.; rep. * mais 2 vezes. Arremate. Una o fio ao 1º pt. do outro lado do tornozelo e rep. (foto 4).

Lingueta

Com a Cp.

Carr. 1: 1corr., 2p.b. em cada pt. da fte. (8[10]p.b.), vire.

Carr. 2: 1corr., p.b. nos próx. 8[10]pt., vire.

Carr. 3-6: rep. carr. 2.

Carr. 7: 1corr., 2p.b.jt., p.b. nos próx. 4[6]pt., 2p.b.jt.

Arremate o trabalho (foto 5). Esconda as pontas cuidadosamente pelo avesso. Faça um cordão torcido de 50 cm com a Cc para ser usado como cadarço. Passe o cadarço pelas alcinhas e dê um laço bem bonito.

bota com franja

Essas botinhas lindas de morrer são uma versão urbana da bota de caubói. Têm franja irregular e detalhe da frente em cor contrastante. Faça-as da cor que preferir, embora em tons neutros fiquem mais parecidas com as originais.

Nível de dificuldade: II

Tamanhos

Para idades:

0-6 meses, comp. da sola: 9 cm
6-12 meses, comp. da sola: 10 cm
Mudanças para 6-12 meses estão entre [ ]

Fio

Cor principal (Cp):
50 g de fio fino-médio
Marrom-claro

Cor contrastante (Cc):
Um pouco de fio fino-médio
Creme

Agulhas & aviamentos

Agulha para crochê de 3,25 mm
(agulhas para crochê, p. 133)
Agulha de tapeçaria

Amostra

10 pt. e 10 carr. em p.b. = 5 cm × 5 cm

Abreviações

p. 134

Pontos & habilidades

(abc do crochê, pp. 133-41)

Pontos especiais:
2p.b.jt.
11p.b.jt.
12p.b.jt.

Técnicas:
Trabalho circular
Trabalho nas alças da frente e de trás
Trabalho na alça restante
União de fios
Sola 1

Botinhas

Os dois pés são feitos do mesmo modo.

Sola

Faça a Sola 1 com a Cp.
Não arremate e continue com o cabedal.

Cabedal

Com a Cp.

Volta 1: trabalhe só nas alças de trás; 1corr., pule o pt. na base da corr., p.b. nos próx. 45[49]pt., una com p.bx. no 1º p.b.

Volta 2: trabalhe nas duas alças; 3corr., p.a. nos próx. 45[49]pt., una com p.bx. na 3ª das 3corr.

Volta 3: 1corr., p.b. nos próx. 4[5] pt., 2p.b.jt. 11[12] vezes, p.b. nos próx. 19[20]pt., una com p.bx. no 1º p.b.

Volta 4: trabalhe nas duas alças: 1corr., p.b. nos próx. 4[5]pt.; trabalhe só nas alças de trás: 11p.a.jt.[12p.a.jt.]; trabalhe nas duas alças: p.b. nos próx. 19[20]pt., una com p.bx. no 1º p.b. (foto 1).

Volta 5: 3corr., faça 25[27]p.a. ao redor da botinha, una com p.bx. na 3ª das 3corr.

Volta 6: 3corr. (não conta como pt.), p.b. nos próx. 25[27]pt., una com p.bx. na 3ª das 3corr.

Volta 7: *8corr., p.bx. na alça da fte. do próx. pt.; rep. * ao redor da botinha, não una. (25[27]arcos)

Volta 8: 1corr., p.b. na alça restante dos próx. 25[27]pt. Arremate (foto 2).

Borda da frente

Com a Cc. Com o direito para fora, una o fio ao lado direito das alças rest. da volta 4 do cabedal, faça 1p.bx. em cada alça. Arremate (foto 3). Esconda as pontas.

Nível de dificuldade: II

Tamanhos

Para idades:

0-6 meses, comp. da sola: 9 cm
6-12 meses, comp. da sola: 10 cm
Mudanças para 6-12 meses estão entre [ ]

Fio

3

Cor principal (Cp):
25 g de fio fino-médio
Vermelho

Cor contrastante (Cc):
25 g de fio fino-médio
Branco

Agulhas & aviamentos

Agulha para crochê de 3,25 mm (agulhas para crochê, p. 133)
Agulha de tapeçaria

Amostra

10 pt. e 10 carr. em p.b. = 5 cm × 5 cm

Abreviações

p. 134

Pontos & habilidades

(abc do crochê, pp. 133-41)

Pontos especiais:
2p.a.jt.
2p.b.jt.
ponto caranguejo

Técnicas:
Trabalho em carreiras
Trabalho circular
Trabalho nas alças da frente e de trás
Sola 1
Cordão torcido

bota esportiva

Esse calçado é ideal para jogar bola na quadra! Com “reforço” nos dedos, essa botinha em branco e vermelho é clássica, mas você pode usar as cores que preferir.

Botinha

Os dois pés são feitos do mesmo modo.

Sola

Faça a Sola 1 com a Cp.
Não arremate e continue com os lados.

Laterais

Una a Cc.

Volta 1: trabalhe só nas alças de trás; 1corr., p.b. nos próx. 45[49]pt., una com p.bx. no 1º p.b.

Volta 2: trabalhe nas duas alças; 1corr., p.b. nos próx. 45[49]pt., una com p.bx. no 1º p.b.

Volta 3: rep. volta 2 (foto 1).

Não arremate e continue com os dedos.

Dedos

Com a Cc.

Carr. 1: p.bx. nos próx. 3pt.; trabalhe só nas alças de trás: 2corr., p.a. nos próx. 3[4]pt. *2p.a.jt., 1p.a. no próx. pt.; rep. * mais 5[6] vezes, p.a. nos próx. 3[4]pt., vire.

Carr. 2: 2corr., pule 1º p.a., 2p.a.jt. 9[11] vezes (últ. 2p.a.jt. feitos no últ. p.a. e na 2ª das 2corr.), com o avesso voltado para fora e direito com direito, dobre a fte. para juntar as bordas superiores e una as duas com p.bx. (fotos 2 e 3). Arremate e vire a bota para o direito.

1

2

dica

Para um visual leve, use só branco e faça uma carreira azul e outra vermelha nas laterais.

3

Lingueta

Com a Cc. Para os dois tamanhos. Una o fio ao pt. mais à direita da borda da fte.

Carr. 1: 1corr., 7p.b. contornando o centro da fte., vire.

Carr. 2-6: 1corr., p.b. nos próx. 7pt., vire.

Carr. 7: 1corr., 2p.b.jt., p.b. nos próx. 3pt., 2p.b.jt., vire.

Carr. 8-9: 1corr., p.b. nos próx. 5pt., vire. Arremate (foto 4).

Borda

Com a Cp. Una o fio ao pt. mais à direita da borda da fte.

Carr. 1: 1corr., p.b. ao longo da fte. e da lingueta, não vire.

Carr. 2: faça pt. caranguejo em todos os pt. Arremate (foto 5).

Cabedal

Com a Cp. Una o fio à 4ª alça da fte., contando a partir da ponta direita da carr. 1 dos dedos (foto 6).

Carr. 1: 1corr., p.b. no pt. da base da corr., p.b. nos próx. 29[28]pt. (trabalhe nas alças rest., mas onde houver 2 alças trabalhe nas duas), vire.

Carr. 2: 1corr., p.b. nos próx. 30[29] pt., vire.

Carr. 3: 1corr., 2p.b.jt., 1corr., pule próx. pt., p.b. nos próx. 24[23]pt., 1corr., pule próx. pt., 2p.b.jt., vire.

Carr. 4: 1corr., p.b. nos próx. 28[27]pt. e esp.corr., vire.

Carr. 5: 1corr., 2p.b.jt., 1corr., pule próx. pt., p.b. nos próx. 22[21]pt., 1corr., pule próx. pt., 2p.b.jt., vire.

Carr. 6: 1corr., p.b. nos próx. 26[25]pt. e esp.corr., vire.

Carr. 7: 1corr., p.b. no próx. pt., 1corr.,

pule próx. pt., p.b. nos próx. 22[21] pt., 1corr., pule o próx. pt., p.b. no próx. pt., vire.
Carr. 8-9: rep. carr. 6-7.
Carr. 10: rep. carr. 6. Arremate (foto 7).

Borda

Com a Cc. Una o fio ao 1º pt. do cabedal.
Carr. 1: 1corr., faça p.b. na lateral do cabedal, nos pt. da últ. carr. do cabedal e na lateral do outro lado, não vire.
Carr. 2: faça pt. caranguejo em todos os pt. Arremate (foto 8).

Listras

Com a Cc. Usando a foto como referência, una o fio à base de cada uma das listras. Faça uma linha de p.bx. em diagonal (foto 9).

Esconda as pontas de fio. Faça um cordão torcido de 65 cm com a Cc e passe pelos dois lados da botinha, como cadarço.

Nível de dificuldade: III

Tamanhos

Para idades:

0-6 meses, comp. da sola: 9 cm
6-12 meses, comp. da sola: 10 cm
Mudanças para 6-12 meses estão entre [ ]

Fio

3

50 g de fio fino-médio
Marrom-escuro

Agulhas & aviamentos

Agulha para crochê de 3,25 mm
(agulhas para crochê, p. 133)
4 botões
Agulha de tapeçaria

Amostra

10 pt. e 10 carr. em p.b. = 5 cm × 5 cm

Abreviações

p. 134

Pontos & habilidades

(abc do crochê, pp. 133-41)

Pontos especiais:

p.a. relevo fte.
p.a. relevo trás
2p.a.jt.

Técnicas:

Trabalho circular
União de fios
Sola dupla 1

bota radical

Ligue esse motor! Com as típicas tiras ajustáveis, essas botinhas imitam o couro pesado de sua fonte clássica de inspiração. Faça-as em preto ou marrom-escuro para seu pequeno motoqueiro!

Botinhas

Siga instruções diferentes para os pés direito e esquerdo.

Sola

Faça a Sola dupla 1.

Arremate.

Cabedal

Una o fio ao pt. central do calcanhar da sola.

Trabalhe nos p.bx. feitos para unir as solas:

Volta 1: 3corr. (conta como 1º p.a.), p.a. nos próx. 45[49]pt., una com p.bx. na 3ª das 3corr.

Volta 2: 3corr., *1p.a. relevo fte. no próx. pt, 1p.a. relevo trás no próx. pt.; rep. * mais 21[23] vezes, 1p.a. relevo fte. no próx. pt., una com p.bx. na 3ª das 3corr. (foto 1).

6-12 meses: Próx. volta: 1corr., p.b. nos próx. 17pt., pule próx. 2pt., p.a. nos próx. 11pt., pule próx. 2pt., p.b. nos próx. 17pt., una com p.bx. no 1º p.b.

Nota para os dois tamanhos: a contagem de voltas continua sendo para o tamanho de 0-6 meses; some uma volta na contagem caso faça o de 6-12 meses.

Volta 3: 1corr., pule o pt. da base da corr., p.b. nos próx. 15pt., pule próx. 2pt., p.a. nos próx. 11pt., pule próx. 2pt., p.b. nos próx. 15pt., una com p.bx. no 1º p.b.

Volta 4: 1corr., p.b. nos próx. 13pt., pule próx. 2pt., p.a. nos próx. 11pt., pule próx. 2pt., p.b. nos próx. 13pt., una com p.bx. no 1º p.b.

Volta 5: 1corr., p.b. nos próx. 11pt., pule próx. 2pt., 2p.a.jt. 5 vezes, p.a. no próx. pt., pule próx. 2pt., p.b. nos próx. 11pt., una com p.bx. no 1º p.b. (foto 2).

Volta 6: 1corr., p.b. nos próx. 28pt., una com p.bx. no 1º p.b.

Voltas 7-16: rep. volta 6 mais 10 vezes (foto 3). Não arremate.

Pé direito: Próx. volta: 1corr., p.b. nos próx. 22pt., 5p.a. no próx. pt., p.b. nos próx. 5pt., una com p.bx. no 1º p.b.
Próx. volta: 1corr., p.b. nos próx. 22pt., *p.a. relevo fte. no próx. p.a., p.a. relevo trás no próx. p.a.; rep. * mais uma vez, p.a. relevo fte. no próx. p.a., p.b. nos próx. 5pt., una com p.bx. no 1º p.b.
Próx. volta: rep. volta anterior.
Arremate (foto 4).

Pé esquerdo: Próx. volta: 1corr., p.b. nos próx. 6pt., 5p.a. no próx. pt., p.b. nos próx. 21pt., una com p.bx. no 1º p.b.
Próx. volta: 1corr., p.b. nos próx. 6pt., *p.a. relevo fte. no próx. p.a., p.a. relevo trás no próx. p.a.; rep. * mais uma vez, p.a. relevo fte. no próx. p.a., p.b. nos próx. 21pt., una com p.bx. no 1º p.b.
Próx. volta: rep. volta anterior.
Arremate.

Tira

Faça duas para cada pé.

Correntinha de base: 10corr.
Volta 1: p.b. na 2ª corr. a partir da agulha, p.b. nas próx. 7corr., 5p.b. na últ. corr.; volte pelo outro lado da corr. e faça p.b. nos próx. 7pt., 4p.b. no últ. pt., una com p.bx. no 1º p.b.
Arremate.

Usando a foto como referência, costure duas tiras em cada botinha. Os botões devem ficar no lado externo (foto 5).
Coloque a 1ª tira cruzando a frente da botinha, no tornozelo. Costure uma ponta da tira na lateral da botinha. Pregue o botão na outra ponta, prendendo-a. Costure a segunda tira na lateral da botinha, um ponto à frente do leque de 5p.a. Pregue o botão na outra ponta, prendendo-a depois do leque de 5p.a. Esconda as pontas de fio.

bota para neve

Nível de dificuldade: III

Tamanhos

Para idades:
0-6 meses, comp. da sola: 9 cm
6-12 meses, comp. da sola: 10 cm
Mudanças para 6-12 meses estão entre [ ]

Fio

3

Cor principal (Cp):
50 g de fio fino-médio
Azul-celeste
Cor contrastante (Cc):
Um pouco de fio fino-médio
Cinza-chumbo

Agulhas & aviamentos

Agulha para crochê de 3,25 mm
(agulhas para crochê, p. 133)
Marcador de pontos

Amostra

10 pt. e 10 carr. em p.b. = 5 cm × 5 cm

Abreviações

p. 134

Pontos & habilidades

(abc do crochê, pp. 133-41)
Pontos especiais:
p.a. relevo fte.
p.a. relevo trás
ponto caranguejo
Técnicas:
Trabalho circular
Trabalho nas alças da frente e de trás
Trabalho na alça restante
União de fios
Sola 1
Cordão torcido

O azul vivo dessas botinhas com certeza vai alegrar os dias cinzentos do inverno. No acabamento, elas têm salto e sola parecidos com os de botas de neve e cadarço no alto para manter os pezinhos bem aquecidos.

Botinhas

Os dois pés são feitos do mesmo modo.

Sola

Faça a Sola 1 com a Cp.
Não arremate e continue com o cabedal.

Cabedal

Mude para a Cc, mas não corte a Cp.

Volta 1: trabalhe na alça de trás: faça 1corr., pule o pt. na base da corr., p.b. nos próx. 2pt.; trab. nas duas alças: p.b. nos próx. 26[30]pt.; trabalhe só nas alças de trás: p.b. nos próx. 17pt., (45[49]p.b.), una com p.bx. no 1º p.b. Corte a Cc e continue com a Cp.

Volta 2: 1corr., 2p.b. no próx. pt., *pule próx. pt., 2p.b. no próx. pt.; rep. * até o fim (46[50]pt.), una com p.bx. no 1º p.b. (foto 1).

Volta 3: 1corr., 2p.b. no próx. pt., *pule próx. pt., 2p.b. no próx. pt.; rep. * até o últ. pt., (46[50]p.b.), pule últ. pt., una com p.bx. no 1º p.b.

Volta 4: 1corr., 2p.b. no próx. pt., *pule próx. pt., 2p.b. no próx. pt.; rep. * mais 2 vezes, **pule próx. pt., p.b. no próx. pt.; rep. ** mais 7[9] vezes, ***pule próx. pt., 2p.b. no próx. pt.; rep. *** mais 11 vezes, pule últ. pt. (38[40] p.b.), una com p.bx. no 1º p.b. (foto 2).

Volta 5: 1corr., 2p.b. no próx. pt., *pule próx. pt., 2p.b. no próx. pt.; rep. * até últ. pt., pule últ. pt., una com p.bx. no 1º p.b. (38[40]p.b.).

Volta 6: 1corr., 2p.b. no próx. pt., *pule próx. pt., 2p.b. no próx. pt.; rep. * mais 2 vezes, **pule próx. pt., p.b. no próx. pt.; rep. ** mais 5[7] vezes, ***pule próx. pt., 2p.b. no próx. pt.; rep. *** mais 9[8] vezes, pule últ. pt. (32[32] p.b.); não una e cont. na próx. volta.

Trabalho em espiral: Voltas 7-14: ponha marcador de pt. na corr. para indicar o começo da volta; pule a corr., *2p.b. no próx. p.b., pule próx. p.b.; rep. * até completar 8 voltas, p.bx. no próx. pt. (foto 3).

1

2

3

Volta 15: 3corr., p.a. nos próx. 32pt., una com p.bx. na 3ª das 3corr.
Volta 16: 3corr., *1 p.a. relevo fte. no próx. pt., 1p.a. relevo trás no próx. pt.; rep. * até o fim, una com p.bx. na 3ª das 3corr. (foto 4). Arremate.

Salto

Com a Cc. Com o direito para fora, una o fio no lado direito das alças restantes da volta 1 do cabedal (foto 5); trabalhe nas alças restantes: 1corr., p.b. no pt. na base da corr., p.b. nos próx. 19pt.; não vire, faça pt. caranguejo em todos os pt. (foto 6). Arremate (foto 7).

Esconda as pontas de fio. Faça um cordão torcido de 45 cm com a Cc. Passe o cordão pelos pontos da última volta. Dê um laço na frente.

bota de trabalho

Botas altas e pesadas são perfeitas para quem gosta de escavadeiras e caminhões. Há seis pares de furos em cada bota – faça cordões torcidos bem longos e forme os cadarços.

Nível de dificuldade: III

Tamanhos

Para idades:
0-6 meses, comp. da sola: 9 cm
6-12 meses, comp. da sola: 10 cm
Mudanças para 6-12 meses estão entre [ ]

Fio

3

Cor principal (Cp):
50 g de fio fino-médio
Laranja
Cor contrastante (Cc):
Um pouco de fio fino-médio
Marrom-escuro

Agulhas & aviamentos

Agulha para crochê de 3,25 mm
(agulhas para crochê, p. 133)

Amostra

10 pt. e 10 carr. em p.b. = 5 cm × 5 cm

Abreviações

p. 134

Pontos & habilidades

(abc do crochê, pp. 133-41)
Pontos especiais:
p.a. relevo fte.
p.a. relevo trás
Técnicas:
Trabalho circular
Trabalho nas alças da frente e de trás
Trabalho na alça restante
União de fios
Sola 1
Cordão torcido

Botinhas

Os dois pés são feitos do mesmo modo.

Sola

Faça a Sola 1 com a Cp.
Não arremate e continue com o cabedal.

Cabedal

Com a Cp.

Volta 1: trabalhe na alça de trás: 1corr., p.b. nos próx. 46[50]pt., una com p.bx. no 1º p.b.

Volta 2: trabalhe nas duas alças: 1corr., p.b. nos próx. 9[11]pt., pule próx. 2pt., p.a. nos próx. 9pt., pule próx. 2pt., p.b. nos próx. 24[26]pt., una com p.bx. no 1º p.b.

Volta 3: 1corr., p.b. nos próx. 7[9]pt., pule próx. 2pt., *p.a. relevo fte. no próx. pt., p.a. relevo trás no próx. pt.; rep. * mais 3 vezes, p.a. relevo fte. no próx. pt., pule próx. 2pt., p.b. nos próx. 22[24]pt., una com p.bx. no 1º p.b. (foto 1).

Volta 4: 1corr., p.b. nos próx. 5[7]pt., pule os próx. 2pt., *p.a. relevo fte. no próx. pt., p.a. relevo trás no próx. pt.; rep. * mais 3 vezes, p.a. relevo fte. no próx. pt., pule próx. 2pt., p.b. nos próx. 20[22]pt., una com p.bx. no 1º p.b.

Volta 5: 1corr., p.b. nos próx. 3[5]pt., pule os próx. 2pt., *p.a. relevo fte. no próx. pt., p.a. relevo trás no próx. pt.; rep. * mais 3 vezes, p.a. relevo fte. no próx. pt., pule próx. 2pt., p.b. nos próx. 18[20]pt., una com p.bx. no 1º p.b.

Volta 6: 1corr., p.b. nos próx. 1[3]pt., pule os próx. 2pt., *p.a. relevo fte. no próx. pt., p.a. relevo trás no próx. pt.; rep. * mais 3 vezes, p.a. relevo fte. no próx. pt., pule próx. 2pt., p.b. nos próx. 16[18]pt., una com p.bx. no 1º p.b. (foto 2).

6-12 meses: Volta 7: 1corr., p.b. no próx. pt., pule próx. 2pt., *p.a. relevo fte. no próx. pt., p.a. relevo trás no próx. pt.; rep. * mais 3 vezes, p.a. relevo fte. no próx. pt., pule próx. 2pt., p.b. nos próx. 16pt., una com p.bx. no 1º p.b.

Tornozelo

Com a Cp.

Volta 1: 3corr., p.a. no próx. pt., *p.a. relevo fte. no próx. pt., p.a. relevo trás no próx. pt.; rep. * mais 3 vezes, p.a. relevo fte. no próx. pt., p.a. nos próx. 16pt., una com p.bx. na 3ª das 3corr.

Volta 2: 3corr., 1 p.a. relevo trás no próx. pt., *p.a. relevo fte. no próx. pt.,

p.a. relevo trás no próx. pt.; rep. * mais 3 vezes, p.a. relevo fte. no próx. pt., **p.a. relevo trás nos próx. 2pt., p.a. relevo fte. nos próx. 2pt.; rep. ** mais 3 vezes, una com p.bx. na 3ª das 3corr.

Volta 3: rep. a volta 2.

Volta 4: 3corr., p.a. relevo fte. no próx. pt., *p.a. relevo fte. no próx. pt., p.a. relevo trás no próx. pt.; rep. * mais 3 vezes, p.a. relevo fte. no próx. pt., **p.a. relevo fte. nos próx. 2pt., p.a. relevo trás nos próx. 2pt.; rep. ** mais 3 vezes, una com p.bx. na 3ª das 3corr.

Volta 5: rep. a volta 4.

Voltas 6-7: rep. volta 2 mais 2 vezes. Arremate (foto 3).

Esconda as pontas de fio. Faça dois cordões torcidos de 75 cm com a Cc. Passe o cadarço pela fte. da bota, pelo 1º e últ. p.a. relevo fte. Dê um laço (foto 4).

dica

Em vez do cordão torcido, faça correntinhas até ter tamanho suficiente para passar o cadarço nos dois lados da bota. Depois, faça o outro cadarço do mesmo modo.

sandálias

Alegre o guarda-roupa de verão do bebê com essas sandalinhas. Com modelos para meninos e meninas, elas vão do clássico e confortável ao grego e gladiador, além de pares elegantes com pompons, laços e flores. O verão nunca mais será o mesmo!

Nível de dificuldade: I

Tamanhos

Para idades:

0-6 meses, comp. da sola: 9 cm
6-12 meses, comp. da sola: 10 cm
Mudanças para 6-12 meses estão entre [ ]

Fio

3

25 g de fio fino-médio
Amarelo

Agulhas & aviamentos

Agulha para crochê de 3,25 mm (agulhas para crochê, p. 133)
Agulha de tapeçaria
2 botões

Amostra

10 pt. e 10 carr. em p.b. = 5 cm × 5 cm

Abreviações

p. 134

Pontos & habilidades

(abc do crochê, pp. 133-41)

Pontos especiais:

2p.b.jt.

Técnicas:

Trabalho em carreiras
Trabalho circular
União de fios
Sola dupla 1

sandália de tiras finas

Que modo melhor de passar os longos dias do verão do que com sandálias abertas? Esse é um modelo simples e charmoso, com três tiras sobre os dedos.

Sandálias

Siga instruções diferentes para os pés direito e esquerdo.

Sola

Faça a Sola dupla 1. Arremate.

Calcanhar do pé direito

Una o fio ao pt. central dos 9[11]m.p.a. da lateral da sola. Trabalhe nas duas alças dos p.bx. usados para unir as solas.

Carr. 1: 1corr., p.b. no pt. da base da corr., p.b. nos próx. 24[26]pt., vire (foto 1).

Carr. 2: 2p.b.jt., p.b. nos próx. 21[23] pt., 2p.b.jt., vire.

Carr. 3: 1corr., *p.b. no próx. pt., p.a. no próx. pt.; rep. * até o últ. pt., 1p.b. no últ. pt., vire (23[25]pt.).

Carr. 4: 1corr., p.b. no próx. pt., *p.b. no próx. pt., p.a. no próx. pt.; rep. * até os últ. 2pt., p.b. nos próx. 2pt., vire (23[25]pt.).

Carr. 5-6: rep. carr. 3 e 4.

Carr. 7 (tira do tornozelo): 14corr., p.b. na 7ª corr. a partir da ag., p.b. nas próx. corr., p.b. nos próx. 5[6]pt. do calcanhar, 2p.b.jt. 3 vezes, p.b. no próx. pt., 2p.b.jt. 3 vezes, p.b. nos próx. 5[6]pt. Arremate (foto 2).

Tiras do pé direito

No msm. lado da tira do tornozelo, pule 2[3]p.bx. a partir da parte do calcanhar, una o fio no próx. p.bx.

Carr. 1: 1corr., p.b. no msm. pt., p.b. nos próx. 2pt., vire (foto 3); *13corr., p.b. na 2ª corr. a partir da ag., p.b. nas corr., p.bx. no próx. p.b. (foto 4); rep. * mais 2 vezes. Arremate (foto 5). Com fio da msm. cor na ag. de tapeçaria, costure pelo avesso as tiras no outro lado da sola, deixando 1pt.bx. entre elas (fotos 6 e 7).

Calcanhar do pé esquerdo

Faça carr. 1-6 como no pé direito.

Carr. 7 (tira do tornozelo): 1corr., p.b. nos próx. 5[6]pt., 2p.b.jt. 3 vezes, p.b. no próx. pt., 2p.b.jt. 3 vezes, p.b. nos próx. 5[6]pt., 14corr., p.b. na 7ª corr. a partir da agulha, p.b. nas corr. seg., p.bx. no 1º pt. da carr. anterior. Arremate.

Tiras do pé esquerdo

No msm. lado da tira do tornozelo, pule 4[5]p.bx. a partir do calcanhar e una o fio no próx. p.bx.

Carr. 1: 1corr., p.b. no msm. pt., p.b. nos próx. 2pt., vire; *13corr., p.b. na 2ª corr. a partir da ag., p.b. nas corr., p.bx. no próx. p.b.; rep. * mais 2 vezes. Arremate. Costure as tiras no outro lado da sola como no pé direito. Esconda as pontas. Pregue o botão no lado oposto da tira do tornozelo.

Nível de dificuldade: I

Tamanhos

Para idades:
0-6 meses, comp. da sola: 9 cm
6-12 meses, comp. da sola: 10 cm
Mudanças para 6-12 meses estão entre [ ]

Fio

3

Cor principal (Cp):
25 g de fio fino-médio
Cinza-claro
Cor contrastante (Cc):
25 g de fio fino-médio
Branco

Agulhas & aviamentos

Agulha para crochê de 3,25 mm
(agulhas para crochê, p. 133)
4 botões
Agulha de tapeçaria

Amostra

10 pt. e 10 carr. em p.b. = 5 cm × 5 cm

Abreviações

p. 134

Pontos & habilidades

(abc do crochê, pp. 133-41)
Pontos especiais:
2p.b.jt.
Técnicas:
Trabalho em carreiras
Trabalho circular
Trabalho na alça restante
Sola dupla 1

sandália grega

Essas sandálias abertas nos dedos podem ser feitas com qualquer combinação de cores, para meninos ou meninas. Inspiradas em um clássico antigo, há uma tira central para segurar as outras quatro horizontais.

Sandálias

Siga instruções diferentes para os pés direito e esquerdo.

Sola

Faça a Sola dupla 1 com a Cc.
Arremate.

Calcanhar

Com a Cp. Una o fio no pt. central dos 9[11]m.p.a. da lateral da sola. Trabalhe nas duas alças dos p.bx. usados para unir as solas.

Carr. 1: 1corr., p.b. no pt. base da corr., p.b. nos próx. 24[26]pt., vire.

Carr. 2: 2p.b.jt., p.b. nos próx. 21[23] pt., 2p.b.jt., vire.

Carr. 3: 2p.b.jt., p.b. nos próx. 19[21] pt., 2p.b.jt., vire.

Carr. 4: 2p.b.jt., p.b. nos próx. 17[19] pt., 2p.b.jt., vire.

Pé direito: Carr. 5: 14corr., p.b. na 6a corr. a partir da ag., p.b. nas próx. 8corr., p.b. nos próx. 19[21] pt., vire.

Pé esquerdo: Carr. 5: arremate. Una o fio ao 1º pt. do lado oposto do calcanhar, 14corr., p.b. na 6ª corr. a partir da agulha, p.b. nas próx. 8corr., p.b. na base das 14corr., p.b. nos próx. 18[20]pt., vire.

Nos dois pés: Carr. 6: 1corr., p.b. nos próx. 19[21]pt., vire.

Carr. 7: 13corr., p.b. na 6ª corr. a partir da ag., p.b. nas próx. 7corr., p.b. nos próx. 5[6]pt., 2p.b.jt. 2 vezes, p.b. no próx. pt., 2p.b.jt. 2 vezes, p.b. nos próx. 5[6]pt. Arremate (foto 1).

Frente

Com a Cp. Nos dois pés, nos dois tamanhos. Pule a partir do calcanhar 1p.bx. de união das solas e una o fio ao próx. p.bx.

Tira 1: 12corr., conte 6p.bx. a partir do calcanhar no outro lado da sola e una a tira com p.bx. no próx. pt. (foto 2); vire, pule 1p.bx., p.b. nas próx. corr., p.bx. na base das 12corr. Arremate (foto 3).

dica

É importante deixar pontas longas ao começar e ao arrematar a tira central. Elas podem ser usadas para costurar a sandália, deixando o acabamento melhor e menos pontas para esconder.

Pule próx. 4p.bx. a partir da 1ª tira e comece no próx. pt.
Tira 2: 12corr., pule 1p.bx. a partir do calcanhar no outro lado da sola e una com p.bx. ao próx. pt. (foto 4), vire; pule 1p.bx., p.b. nas próx. corr., p.bx. na base das 12corr., arremate (foto 5).

Tira central

Correntinha de base: deixe uma ponta longa e faça 20corr.
Volta 1: p.b. na 2ª corr. a partir da agulha, p.b. nas próx. corr., volte em p.b. pelo outro lado da correntinha e arremate, deixando uma ponta longa. Passe a tira central em torno das tiras da frente e, com a ponta de fio inicial, costure as três tiras. Com a outra ponta de fio, costure a tira central formando um passador para as tiras do tornozelo (foto 6). Esconda as pontas e pregue os botões.

Nível de dificuldade: I

Tamanhos

Para idades:
0-6 meses, comp. da sola: 8,5 cm
6-12 meses, comp. da sola: 9,5 cm
Mudanças para 6-12 meses estão entre [ ]

Fio

1

25g de fio fino ou de bebê
Rosa-escuro

Agulhas & aviamentos

Agulha para crochê de 3,25 mm
(agulhas para crochê, p. 133)
Agulha de tapeçaria
2 botões

Amostra

11 pt. e 11 carr. em p.b. = 5 cm × 5 cm

Abreviações

p. 134

Pontos & habilidades

(abc do crochê, pp. 133-41)

Pontos especiais:
2p.b.jt.
ponto em V

Técnicas:
Trabalho em carreiras
Trabalho circular
União de fios
Sola dupla 1

sandália de tiras largas

Essas lindas sandalinhas são ótimas para qualquer dia da semana. Ficam muito bonitas em cores fortes e merecem ser usadas com os melhores modelitos.

Sandálias

Siga instruções diferentes para os pés direito e esquerdo.

Sola

Faça a Sola dupla 1.
Arremate.

Calcanhar

Una o fio ao 7º[8º]pt. dos 9[11]m.p.a. da lateral da sola (p. 100). Trabalhe nas duas alças dos p.bx. que unem as solas.

Carr. 1: 1corr., p.b. na base da corr., p.b. nos próx. 20[22]pt., vire.

Carr. 2-6: 1corr., p.b. nos próx. 21[23] pt., vire. Rep. carr. 2 mais 4 vezes.

Pé direito: Carr. 7: 13corr., p.b. na 2ª corr. a partir da ag., p.b. nas próx. corr., p.b. nos próx. p.b., 33[35]p.b.), vire.

Pé esquerdo: Carr. 7: arremate, una o fio ao outro lado do calcanhar, 13corr., p.b. na 2ª corr. a partir da ag., p.b. nas próx. corr., p.b. na base das 13corr., p.b. nos próx. p.b. até o fim (33[35]p.b.), vire.

Nos dois pés: Carr. 8: 1corr., p.b. nos próx. 30[32]p.b., 2corr., pule próx. 2p.b., p.b. no últ. p.b., vire.

Carr. 9: 1corr., p.b. no próx. p.b., 2p.b. no próx. espaço de 2corr., p.b. nos próx. 10p.b., 2p.b.jt. 10[11] vezes. Arremate (fotos 1 e 2).

Frente

Pule 1[2]p.bx. a partir do calcanhar, una o fio no próx. p.bx. (foto 3). Nos dois tamanhos:

Carr. 1: 1corr., p.b. na base da corr., 2p.b. em cada um dos próx. 7pt., vire.

Carr. 2: 3corr., *pule 2p.b., pt. em V no próx. pt.; rep. * mais 3 vezes, pule próx. 2pt., p.a. no últ. pt., vire.

Carr. 3-7: 3corr., *pule próx. 2p.a., pt. em V no próx. esp. 1corr.; rep. * mais 3 vezes, pule próx. p.a., p.a. na 3ª das 3corr. Rep. carr. 3 mais 4 vezes.

Carr. 8: 1corr., pule 1º p.a., p.b. nos próx. 8p.a. (pule todas as corr.) (foto 4).

Lado direito com direito, com o avesso para fora, una a fte. ao lado oposto da sola, começando no 2º[3º]p.bx. a partir do calcanhar, p.b. nos próx. 8pt. (foto 5). Vire a sandália para o direito.

Tira central

Una o fio ao 7º pt. da tira (na últ. alça da carr. de base):

Carr. 1: 1corr., p.b. no pt. da base da corr., p.b. nos próx. 2pt., vire (foto 6).

Carr. 2-12: 1corr., p.b. nos próx. 3pt., vire. Arremate, deixando uma ponta bem longa.

Enfie essa ponta na agulha, passe a tira central por baixo da parte da fte. e dobre-a por cima. Costure pelo avesso (foto 7). Esconda todas as pontas. Pregue um botão em cada sandália para prender a tira do tornozelo.

Nível de dificuldade: I

Tamanhos

Para idades:
0-6 meses, comp. da sola: 9 cm
6-12 meses, comp. da sola: 10 cm
Mudanças para 6-12 meses estão entre [ ]

Fio

4

50 g de fio médio
Cru

Agulhas & aviamentos

Agulha para crochê de 3,5 mm
4 botões pequenos

Amostra

9 pt. e 9 carr. em p.b. = 5 cm × 5 cm

Abreviações

p. 134

Pontos & habilidades

(abc do crochê, pp. 133-41)

Técnicas:
Trabalho circular
Sola dupla 2

sandália de tiras trançadas

Essas sandálias são simples de fazer e têm um belo efeito entrelaçado. Perfeitas para recém-nascidos, têm tiras finas que se cruzam na frente e são fechadas por botões minúsculos.

Sandálias

Os dois pés são feitos do mesmo modo.

Sola

Faça a Sola dupla 2.
Não arremate e continue com o cabedal.

Cabedal

Comece pelo últ. p.bx. feito para unir as solas, mas trabalhe no sentido oposto.

Volta 1: 1corr., p.b. nos próx. 41[45]pt., una com p.bx. no 1º p.b.

Volta 2: 1corr., p.b. nos próx. 7[9]pt., *pule próx. 2pt., 3p.a. no próx. pt.; rep. * mais 2 vezes, pule próx. 2pt., p.b. nos próx. 23[25]pt., una com p.bx. no 1º p.b. (foto 1).

Volta 3: 1corr., p.b. nos próx. 5[7]pt., pule próx. 2p.b., pule próx. p.a., 3p.a. no próx. p.a., *pule próx. 2p.a., 3p.a. no próx. pt.; rep. * mais 1 vez, pule próx. p.a., pule próx. 2p.b., p.b. nos próx. 21[23]pt., una com p.bx. no 1º p.b.

Volta 4: 1corr., p.b. nos próx. 3[5]pt., pule próx. 2 p.b., pule próx. p.a., 3p.a. no próx. p.a., *pule próx. 2p.a., 3p.a. no próx. pt.; rep. * mais 1 vez, pule próx. p.a., pule próx. 2p.b., p.b. nos próx. 3[5]pt., p.a. nos próx. 16pt., una com p.bx. no 1º p.b. (foto 2). Não arremate; faça as tiras conforme indicado a seguir.

Tiras

13[14]corr., 1p.b. na 7ª corr. a partir da ag., p.b. nas próx. corr., continue em p.b. nos próx. 16p.a. do calcanhar, 13[14]corr., p.b. na 7ª corr. a partir da ag., p.b. nas próx. corr., p.bx. no últ. p.a. da volta anterior. Arremate (foto 3). Esconda as pontas de fio. Costure botões no 1º e no últ. grupo de 3p.a. em cada sandália.

Nível de dificuldade: II

Tamanhos

Para idades:
0-6 meses, comp. da sola: 9 cm
6-12 meses, comp. da sola: 10 cm
Mudanças para 6-12 meses estão entre [ ]

Fio

3

Cor principal (Cp):
50 g de fio fino-médio
Rosa

Cor contrastante (Cc):
Um pouco de fio fino-médio
Cinza-chumbo

Agulhas & aviamentos

Agulha para crochê de 3,25 mm (agulhas para crochê, p. 133)
Agulha de tapeçaria
Alfinetes (opcionais)
2 botões pequenos

Amostra

10 pt. e 10 carr. em p.b. = 5 cm × 5 cm

Abreviações

p. 134

Pontos & habilidades

(abc do crochê, pp. 133-41)

Pontos especiais:
2p.b.jt.

Técnicas:
Trabalho em carreiras
Trabalho circular
Sola dupla 1

sandália com babadinho

Essas sandálias elegantes vão dar um toque perfeito às roupinhas chiques. Serão o foco das atenções em qualquer ocasião especial, mesmo se for um piquenique no quarto com o ursinho de pelúcia.

Sandálias

Siga instruções diferentes para os pés direito e esquerdo.

Sola

Faça a Sola dupla 1 com a Cp.
Arremate.

Calcanhar

Com a Cp.

Una o fio no 7º[8º]pt. dos 9[11]m.p.a. da lateral da sola (foto 1). Trabalhe nas duas alças dos p.bx. que unem as solas.

Carr. 1: 1corr., p.b. na base da corr., p.b. nos próx. 20[22]pt., vire.

Carr. 2: 1corr., p.b. nos próx. 21[23] pt., vire.

Carr. 3-6: rep. carr. 2 mais 4 vezes.

Pé direito: Carr. 7: 14corr., p.b. na 7ª corr. a partir da ag., p.b. nas próx. corr., p.b. nos próx. 6[7]pt., 2p.b.jt. 4 vezes, p.b. nos próx. 7[8]pt. Arremate (foto 2).

Pé esquerdo: Carr. 7: 1corr., p.b. nos próx. 7[8]pt., 2p.b.jt. 4 vezes, p.b. nos próx. 6[7]pt., 14corr., p.b. na 7ª corr. a partir da agulha, p.b. nas próx. corr., p.bx. no 1º pt. da carr. anterior. Arremate (foto 3).

Frente

Nessa parte, os p.bx. do final de cada carreira serão feitos no p.bx. que une as solas.

Pule 8[9]p.bx. contados a partir do calcanhar, una o fio no próx. pt., 8corr., pule próx. 7pt., p.bx. nos próx. 2pt. ao longo da sola, vire (foto 4).

O restante da receita é igual para os dois tamanhos.

Carr. 1: pule 2p.bx. ao longo da sola, p.b. nas próx. 8corr., p.bx. nos próx. 2p.bx. ao longo da sola, vire.

Carr. 2: pule 2p.bx.; trabalhe só nas alças de trás, p.b. nos próx. 8pt.; p.bx. nos próx. 2p.bx., vire.

Carr. 3: pule 2p.bx.; trabalhe nas duas alças, 2p.b. no próx. pt., p.b. nos próx. 6pt., 2p.b. no últ. pt., p.bx. nos próx. 2pt., vire.
Carr. 4: pule 2p.bx., trabalhe só nas alças de trás, p.b. nos próx. 10pt., p.bx. nos próx. 2pt., vire.
Carr. 5: pule 2p.bx., trabalhe nas duas alças, p.b. nos próx. 10pt., p.bx. nos próx. 2pt.
Rep. carr. 4 e 5 mais uma vez, mas na últ. carr. faça só um p.bx.
Arremate (foto 5).

Tira central

Trabalhe nos 4 pontos centrais da frente.
Carr. 1: 1corr., p.b. na base da corr., p.b. nos próx. 3pt., vire.
Carr. 2: 1corr., p.b. nos próx. 4 pt., vire.
Carr. 3-12: rep. carr. 2 mais 10 vezes.
Arremate, deixando uma ponta longa. Enfie essa ponta na agulha; dobre e costure a tira central para formar um canal por onde passará a tira do tornozelo. O canal deve ser pequeno, do tamanho suficiente para enfiar a tira (foto 6).

Babadinho

Correntinha de base: 13corr.
Carr. 1: p.b. na 2ª corr. a partir da ag., p.b. nas próx. 11corr., vire.
Carr. 2: 3corr., 3p.a. nos próx. 11pt., 3corr., p.bx. na base do últ. pt., volte trabalhando pelo outro lado da corr. de base: p.bx. no 1º pt., 3corr., 3p.a. em cada um dos próx. 11pt., 3corr., p.bx. na base do últ. pt.
Arremate (foto 7).

Posicione o babadinho na frente da sandália (fixe com alfinete se preferir) e, começando abaixo do canal para a tira do tornozelo, costure-o à frente com p.bx. feitos sobre o centro do babado. Arremate (foto 8). Mude para a Cc e faça p.b. ao redor do babadinho (foto 9).
Esconda as pontas de fio. Em cada sandália, pregue um botão de cada lado para fechar a tira.

dica

Se achar complicado unir o babadinho à frente da sandália com p.bx., você pode costurar as duas peças com agulha de tapeçaria.

Nível de dificuldade: II

Tamanhos
Para idades:
0-6 meses, comp. da sola: 9 cm
6-12 meses, comp. da sola: 10 cm
Mudanças para 6-12 meses estão entre [ ]

Fio
3

Cor principal (Cp):
25 g de fio fino-médio
Verde-oliva
Cor contrastante (Cc):
25 g de fio fino-médio
Marrom-claro

Agulhas & aviamentos
Agulha para crochê de 3,25 mm
(agulhas para crochê, p. 133)
2 botões
Agulha de tapeçaria

Amostra
10 pt. e 10 carr. em p.b. = 5 cm × 5 cm

Abreviações
p. 134

Pontos & habilidades
(abc do crochê, pp. 133-41)
Pontos especiais:
2p.b.jt.
Técnicas:
Trabalho em carreiras
Trabalho circular
União de fios
Sola dupla 1

sandália básica

Todo bebê precisa dessas sandálias. Com o calcanhar fechado, uma tira no tornozelo e outras frontais reforçadas, esse modelo bicolor é perfeito para uso diário.

Sandálias
Siga instruções diferentes para os pés direito e esquerdo.

Sola
Faça a Sola dupla 1 com Cc.
Arremate.

Calcanhar

Com a Cp. Una o fio ao pt. central dos 9[11]m.p.a. da lateral da sola.
Trabalhe nos p.bx. de união das solas.

Carr. 1: 1corr., p.b. na base da corr., p.b. nos próx. 24[26]pt., vire.

Carr. 2: 2p.b.jt., p.b. nos próx. 21[23] pt., 2p.b.jt., vire.

Carr. 3: 2p.b.jt., p.b. nos próx. 19[21] pt., 2p.b.jt., vire.

Carr. 4: 2p.b.jt., p.b. nos próx. 17[19] pt., 2p.b.jt., vire.

Carr. 5: 2corr., pule 1º pt., p.a. nos próx. 18[20]pt., vire.

Carr. 6: 2p.b.jt., p.b. nos próx. 16[18] pt., vire. Não arremate e faça a tira do tornozelo.

Pé direito: 17[19]corr., p.b. na 9ª corr. a partir da ag., p.b. nas próx. corr., p.b. nos próx. 17[19]pt. Arremate (foto 1).

Pé esquerdo: 1corr., p.b. nos próx. 17[19]pt., 17[19]corr., p.b. na 9ª corr. a partir da ag., p.b. nas próx. corr., p.bx. no 1º p.b. da carr. anterior. Arremate.

Tira da frente

Com a Cp. Nos dois pés: pule 2[3]pt. a partir do calcanhar, una o fio ao próx. pt. Trabalhe nos p.bx. de união das solas.

Carr. 1: 1corr., p.b. na base da corr., p.b. nos próx. 2pt., vire (foto 2).

Carr. 2: 1corr., p.b. nos próx. 3pt., vire.

Carr. 3-12: rep. carr. 2 mais 10 vezes.

Trabalhe pelo avesso; no lado oposto da sola, pule 2[3]p.bx. a partir do calcanhar e una a tira com p.b. aos próx. 3pt., enfiando a ag. nos pt. da tira e da sola (foto 3). Não arremate; vire a sandália para

o direito e faça p.b. nas laterais da tira da frente. Arremate. Rep. no outro lado da tira. Una a Cc à base do 1º p.b. da lateral da tira da frente. Faça p.bx. ao longo da tira, trabalhando na base dos p.b. (foto 4). Arremate. Rep. no outro lado da tira (foto 5).

Tira central

Com a Cp. Una o fio ao 4º[5º]pt. da tira do tornozelo:

Carr. 1: 1corr., p.b. na base da corr., p.b. nos próx. 2p.b., vire.

Carr. 2: 1corr., p.b. nos próx. 3p.b., vire.

Rep. a carr. 2 mais 5[6] vezes (foto 6).

Arremate e deixe uma ponta de fio longa para costurar, pelo avesso, a tira central no meio da tira da frente (foto 7).

Esconda as pontas. Pregue um botão em cada sandália para fechar a tira do tornozelo.

Nível de dificuldade: II

Tamanhos

Para idades:
0-6 meses, comp. da sola: 8,5 cm
6-12 meses, comp. da sola: 9,5 cm
Mudanças para 6-12 meses estão entre [ ]

Fio

3

Cor principal (Cp):
25 g de fio fino-médio
Marrom-claro

Cor contrastante (Cc):
25 g de fio fino-médio
Vermelho

Agulhas & aviamentos

Agulha para crochê de 3,25 mm (agulhas para crochê, p. 133)
Agulha de tapeçaria
4 botões

Amostra

11 pt. e 11 carr. em p.b. = 5 cm × 5 cm

Abreviações

p. 134

Pontos & habilidades

(abc do crochê, pp. 133-41)

Pontos especiais:
2p.b.jt.

Técnicas:
Trabalho em carreiras
Trabalho circular
Trabalho nas alças da frente e de trás
Trabalho na alça restante
União de fios
Sola dupla 1

espadrilha

As férias de verão não serão as mesmas sem essas adoráveis espadrilhas. Com suas solas "de corda" e seu cabedal "de lona", elas são chiques e perfeitas para usar nas areias douradas da praia.

Sandálias

Os dois pés são feitos do mesmo modo.

Sola

Faça a Sola dupla 1 com a Cp.
Arremate.

Calcanhar

Com a Cp. Una o fio ao pt. central dos 9[11]m.p.a. na lateral da sola. Trabalhe nos p.bx. de união das solas.

Carr. 1: 1corr., p.b. na base da corr., p.b. nos próx. 24[26]pt., vire.

Carr. 2: 2p.b.jt., p.b. nos próx. 21[23] pt., 2p.b.jt., vire.

Carr. 3: 2p.b.jt., p.b. nos próx. 19[21] pt., 2p.b.jt., vire.

Carr. 4: 2p.b.jt., p.b. nos próx. 17[19] pt., 2p.b.jt., vire.

Carr. 5: 2p.b.jt., p.b. nos próx. 15[17] pt., 2p.b.jt., vire.

Carr. 6: 2p.b.jt., p.b. nos próx. 13[15] pt., 2p.b.jt., vire.

Carr. 7: 2p.b.jt., p.b. nos próx. 11[13]pt., 2p.b.jt., vire.

Carr. 8: 2p.b.jt., p.b. nos próx. 9[11]pt., 2p.b.jt. (11[13]pt.)

Arremate.

Borda

Trabalhe com a Cp.

Una o fio ao pt. da base do calcanhar e contorne-o com p.b.

Arremate (foto 1).

Frente

Com a Cc. Para os dois tamanhos.

Marque os 7 pontos centrais da frente.

Pelo direito do trabalho, una o fio ao pt. marcado mais à direita.

Trabalhe nos p.bx. feitos para unir as solas:

Carr. 1: 1corr., p.b. na base da corr., *1corr., p.b. no próx. pt., rep. * mais 5 vezes, p.bx. nos próx. 2pt. da sola, vire (foto 2).

Carr. 2: pule 2p.bx., p.b. no próx. p.b., p.b. no próx. esp.corr., *1corr., pule próx. p.b., p.b. no próx. esp.corr.: rep. * mais 4 vezes, p.b. no últ. p.b., p.bx. nos próx. 2pt. da sola, vire.

Carr. 3: pule 2p.bx., p.b. no próx. p.b., *1corr., pule próx. p.b., p.b. no próx. esp.corr., rep. * mais 5 vezes, p.bx. nos próx. 2pt. da sola, vire.

Carr. 4: rep. a carr. 2.

Carr. 5: pule 2p.bx., p.b. no próx. p.b., *1corr., pule próx. p.b., p.b. no próx. esp.corr., rep. * mais 5 vezes, p.bx. no próx. p.bx. da sola, vire.

1

2

Carr. 6: pule p.bx., p.b. no próx. p.b., p.b. no próx. esp.corr., *1corr., pule próx. p.b., p.b. no próx. esp.corr.; rep. * mais 4 vezes, p.b. no últ. p.b., p.bx. no próx. p.bx. da sola, vire.
Carr. 7: pule p.bx., p.b. no próx. p.b., *1corr., pule próx. p.b., p.b. no próx. esp.corr., rep. * mais 5 vezes, p.bx. no próx. p.bx. da sola, vire.
Carr. 8-9: rep. carr. 6 e 7 mais uma vez.
Carr. 10: rep. carr. 6 mais uma vez.
Carr. 11: pule p.bx., faça p.bx. em cada pt. Arremate (foto 3).

Tira

Para os dois tamanhos.
Correntinha de base: 13corr.
Volta 1: p.b. na 2ª corr. a partir da ag., p.b. nas próx. corr., volte pelo outro lado da corr. e faça 1p.b. na alça rest. de cada pt. (foto 4).
Volta 2: 5corr., p.bx. nos próx. 12pt., 5corr., pule próx. pt., p.bx. nos próx. 11pt.
Arremate (foto 5).
Esconda as pontas de fio. Em cada pé, pregue um botão nos dois lados do calcanhar para prender a tira.

Nível de dificuldade: II

Tamanhos

Para idades:
0-6 meses, comp. da sola: 9 cm
6-12 meses, comp. da sola: 10 cm
Mudanças para 6-12 meses estão entre [ ]

Fio

3

Cor principal (Cp):
50 g de fio fino-médio
Marrom-claro

Cores contrastantes (Cc):
Um pouco de fio fino-médio
Verde e rosa

Agulhas & aviamentos

Agulha para crochê de 3,25 mm
(agulhas para crochê, p. 133)
Agulha de tapeçaria

Amostra

10 pt. e 10 carr. em p.b. = 5 cm × 5 cm

Abreviações

p. 134

Pontos & habilidades

(abc do crochê, pp. 133-41)

Técnicas:
Trabalho em carreiras
Trabalho circular
Trabalho nas alças da frente e de trás
Trabalho na alça restante
União de fios
Sola dupla 1

sandália com flor

Festas de verão e piqueniques no jardim têm tudo a ver com essas sandálias. A parte da frente tem uma flor rodeada de folhas, revelando um design encantador. Faça a flor da cor que preferir.

Sandálias

Os dois pés são feitos do mesmo modo.

Sola

Faça a Sola dupla 1 com a Cp. Arremate.

Flor

Com a Cc (rosa). **Anel de base:** 4corr., una com p.bx. na 1ª corr.

Volta 1: 1corr., 8p.b. no anel, una com p.bx. no 1º p.b.

Volta 2: trabalhe só nas alças da fte.; *3corr., p.bx. no próx. pt.; rep. * mais 7 vezes (8 pétalas).

Volta 3: *4p.b. na próx. pétala; rep. * até o fim, una com p.bx. no 1º p.b. da volta. Arremate (foto 1).

Folhas

Com a Cc (verde). Una o fio a uma alça de trás da volta 2 da flor.

Volta 1: *8corr., p.bx. no próx. pt. (foto 2); rep. * mais 7 vezes (8 folhas).

Volta 2: 6p.b. na 1ª folha, una com p.bx. no 7º[9º]p.bx. da sola (foto 3), 6p.b. na msm. folha, *6p.b. na próx. folha, pule próx. 2p.bx. da sola, una com p.bx. no próx. pt., 6pb. na msm. folha; rep. * mais 6 vezes (foto 4), una com p.bx. no 1º p.b. da próx. pétala. Arremate.

Tira de trás

Com a Cc (verde). Una o fio ao 2º pt. da últ. folha.

Carr. 1: 1corr., p.b. no msm. pt., p.b. nos próx. 2pt., vire (foto 5).
Carr. 2: 1corr., p.b. nos próx. 3pt., vire. Rep. carr. 2 mais 20[24] vezes. Com o avesso para fora, una a tira à 1ª folha com p.bx. a partir do 2º p.b. (foto 6).

Tira do calcanhar

Com a Cc (verde). Marque os 4 pt. centrais da parte de trás da sandália. Com o direito para fora, una o fio ao pt. marcado mais à direita.
Carr. 1: 1corr., p.b. na base da corr., p.b. nos próx. 3pt., vire (foto 7).
Carr. 2: 1corr., p.b. nos próx. 4pt., vire.
Carr. 3-13: rep. carr. 2 mais 11 vezes.
Dobre a tira do calcanhar sobre a tira de trás, una a últ. carr. à 1ª carr. com p.bx. e arremate (foto 8). Ou arremate depois da carr. 13, deixe uma ponta de fio longa e costure. Esconda as pontas de fio.

Nível de dificuldade: II

Tamanhos

Para idades:
0-6 meses, comp. da sola: 9 cm
6-12 meses, comp. da sola: 10 cm
Mudanças para 6-12 meses estão entre [ ]

Fio

3

50 g de fio fino-médio
Rosa

Agulhas & aviamentos

Agulha para crochê de 3,25 mm
(agulhas para crochê, p. 133)
Agulha de tapeçaria

Amostra

10 pt. e 10 carr. em p.b. = 5 cm × 5 cm

Abreviações

p. 134

Pontos & habilidades

(abc do crochê, pp. 133-41)
Pontos especiais:
2p.b.jt.
Técnicas:
Trabalho em carreiras
Trabalho circular
União de fios
Sola dupla 1

pantufa com pompom

Esse lindo modelinho com pompom é a escolha perfeita para descansar em casa com estilo. Delicado, ele fica melhor em algodão e num tom pastel.

Pantufas

Os dois pés são feitos do mesmo modo.

Sola

Faça a Sola dupla 1.
Arremate.

Calcanhar

Una o fio ao pt. central dos 9[11]m.p.a. da lateral da sola. Trabalhe nos p.bx. de união das solas.

Carr. 1: 1corr., p.b. na base da corr., p.b. nos próx. 24[26]pt., vire.

Carr. 2: 2p.b.jt., p.b. nos próx. 21[23] pt., 2p.b.jt., vire.

Carr. 3: 2p.b.jt., p.b. nos próx. 19[21] pt., 2p.b.jt., vire.

Carr. 4: 2p.b.jt., p.b. nos próx. 17[19] pt., 2p.b.jt., vire.

Carr. 5: 2p.b.jt., p.a. nos próx. 15[17] pt., 2p.b.jt. Não arremate.

Continue conforme indicado abaixo para os dois tamanhos.

Tiras

Primeira tira: Carr. 1: 1corr., faça 4p.b. na lateral do calcanhar (foto 1), vire.

Carr. 2-12: 1corr., p.b. nos próx. 4pt., vire. Arremate.

Segunda tira: rep. a 1ª tira na outra lateral do calcanhar (foto 2).

Borda

Com o direito para fora, una o fio ao pt. da base do lado direito do calcanhar. Contorne com p.b. a 1ª tira, a parte de trás e a 2ª tira. Arremate. Vire a sandália pelo avesso e, trabalhando nos p.bx. de união das solas, prenda a tira à sola: pule 2p.bx. do calcanhar, 4p.bx. enfiando a ag. nas duas camadas. Arremate. Rep. na segunda tira. As tiras se sobrepõem simetricamente nos dois pés (fotos 3 e 4).

Flor

Anel de base: 4corr., una com p.bx.
Volta 1: 1corr., 9p.b. no anel, p.bx. no 1º p.b.
Volta 2: trabalhe apenas nas alças de trás: 1corr., 2p.b. nos próx. pt. (18p.b.), una com p.bx. no 1º p.b.
Volta 3: trabalhe apenas nas alças de trás: *(1p.bx., 6corr., 1p.bx.) no próx. p.b.; rep. * até o fim (18 pétalas) (foto 5).
Volta 4: trabalhe só nas alças da fte. da volta 2: (1p.bx., 6corr., 1p.b.) na alça da fte. 1º p.b., *(1p.b., 6corr., 1p.b.) na alça da fte. próx. p.b.; rep. * até o fim (18 pétalas), p.bx. no p.bx. da volta.
Volta 5: trabalhe só nas alças da fte. da volta 1 (foto 6): (1p.bx., 6corr., 1p.b.) na alça da fte. 1º p.b., *(1p.b., 6corr., 1p.b.) na alça rest. próx. p.b.; rep. * até o fim, p.bx. no p.bx. da volta (9 pétalas) (foto 7). Arremate, deixando uma ponta de fio longa para costurar a flor nas tiras da sandália, trabalhando nas duas camadas da frente. Esconda as pontas de fio.

4

5

6

7

Nível de dificuldade: III

Tamanhos

Para idades:
0-6 meses, comp. da sola: 9 cm
6-12 meses, comp. da sola: 10 cm
Mudanças para 6-12 meses estão entre [ ]

Fios

3 4

Cor principal (Cp):
25 g de fio fino-médio
Marrom
Cor contrastante (Cc):
25 g de fio médio
Cru

Agulhas & aviamentos

Agulha para crochê de 3,25 mm
(agulhas para crochê, p. 133)
2 botões
Agulha de tapeçaria

Amostra

10 pt. e 10 carr. em p.b. = 5 cm × 5 cm

Abreviações

p. 134

Pontos & habilidades

(abc do crochê, pp. 133-41)
Técnicas:
Trabalho em carreiras
Trabalho circular
União de fios
Sola dupla 1

sandália de gladiador

Essas belas sandálias são ideais para um aventureiro destemido. Afinal, o que há de melhor para usar quando se vai enfrentar leões?

Sandálias

Siga instruções diferentes para os pés direito e esquerdo.

Sola

Faça a Sola dupla 1 com a Cc.
Arremate.

Frente

Trabalhe com a Cp.

Marque os 7 pontos centrais da ponta da frente. Pelo lado direito, una o fio ao pt. marcado mais à direita.

Carr. 1: 1corr., p.b. da base da corr., p.b. nos próx. 6pt., vire.

Carr. 2: 1corr., pule próx. pt., p.b. nos próx. 6pt., vire.

Carr. 3: 1corr., pule próx. pt., p.b. nos próx. 5pt., vire.

Carr. 4: 1corr., pule próx. pt., p.b. nos próx. 4pt., vire.

Carr. 5: 1corr., pule próx. pt., p.b. nos próx. 3pt., vire.

Carr. 6: 1corr., p.b. nos próx. 3pt., vire. Rep. carr. 6 mais 13[15] vezes. Arremate (foto 1).

Primeira tira

Com a Cp. Una o fio ao 4º[5º]pt. da frente.

Carr. 1: 1 corr., p.b. na base da corr., p.b. nos próx. 2pt., vire (foto 2).

Carr. 2-12: 1corr., p.b. nos próx. 3pt., vire. No lado oposto, pule 3p.bx. a partir da frente; pelo avesso, una a tira com p.bx. nos próx. 3p.bx. de união das solas. Arremate (foto 3).

Calcanhar e tiras restantes

Com Cp. Una o fio ao 4º pt. a partir da 1ª tira.

Volta 1: 1corr., p.b. na base da corr., p.b. nos próx. 20[22]pt., 12corr., una com p.bx. ao 1º p.b (foto 4).

Volta 2: 1corr., p.b. na base da corr., p.b. nos próx. 32[34]pt., una com p.bx. no 1º p.b.

Volta 3: 1corr., p.b. nos próx. 33[35] pt., una com p.bx. no 1º p.b.
Trabalhe em carr. de ida e volta:
Carr. 1: 1corr., p.b. nos próx. 21[23] pt., vire.
Carr. 2-3: rep. carr. 1.
Pé direito: Carr. 4: 12corr., p.b. na 2ª corr. a partir da ag., p.b. nas próx. corr., p.b. nos próx. 21[23]pt. do calcanhar, vire.
Carr. 5: 1corr., p.b. nos próx. 32[34]pt. Arremate (foto 5).
Pé esquerdo: Carr. 4: arremate, una o fio ao 1º p.b. do lado oposto do calcanhar, 12corr., p.b. na 2ª corr. a partir da ag., p.b. nas próx. corr., p.b. na base das 12corr., p.b. nos próx. 20[22]pt. do calcanhar, vire.
Carr. 5: 1corr., p.b. nos próx. 32[34]pt. Arremate.

Borda

Com a Cc. Una o fio ao pt. da base da frente, contorne a tira da frente em p.b., trabalhando nos finais das carr., ao longo da últ. carr. e nos finais das carr. Arremate (foto 6). Una o fio ao pt. da base da 1ª tira, contorne em p.b. as duas laterais, trabalhando nos finais das carr. (foto 7). Arremate. Rep. o mesmo contorno em p.b. na 2ª tira, no calcanhar e ao longo da tira do tornozelo, fazendo 7corr. (para a alça de botão) na ponta da tira do tornozelo. Quando chegar ao ini. da volta, arremate (foto 8).
Com a Cp, costure a frente às duas primeiras tiras com ponto--atrás (foto 9), seguindo a linha de pt. feitos com a Cp. Dobre a ponta

da frente, faça um canal para a tira do tornozelo e costure (foto 10). Esconda as pontas de fio e pregue os botões.

dica

Quando começar a fazer as tiras, esconda algumas pontas de fio entre as solas. Enfie a ag. de crochê só na sola de cima e puxe a ponta para dentro.

abc do crochê

Reúna tudo de que você vai precisar para o projeto antes de crochetar seus sapatinhos, botinhas e sandalinhas. Leia atentamente os fundamentos do crochê explicados neste capítulo e não se esqueça de testar a amostra antes de começar o trabalho.

Kit básico de crochê

Agulhas para crochê podem ser de vários materiais e de diferentes tamanhos e formatos. Os projetos deste livro usam dois tamanhos de agulhas: 3,25 mm e 3,5 mm. Se você não encontrar a agulha de 3,25 mm, use a de 3 mm e confira com cuidado a amostra; caso ela fique menor, experimente a de 3,5 mm. É importante que sua amostra fique igual à original; para isso, você pode testar diferentes tamanhos de agulha.

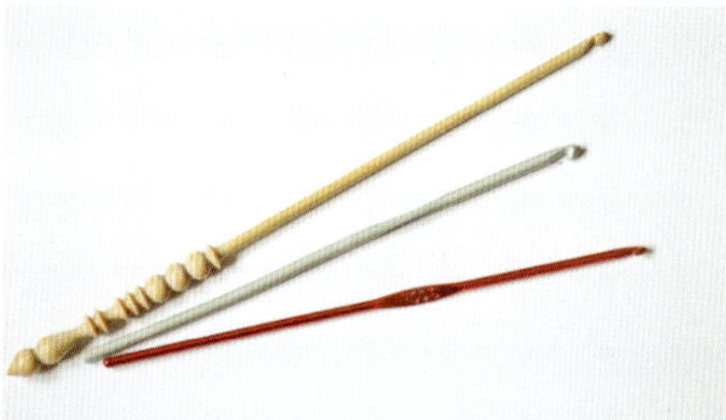

Régua e gabarito são instrumentos muito úteis para medir amostras, comprimento de peças finalizadas e tamanho de agulhas.

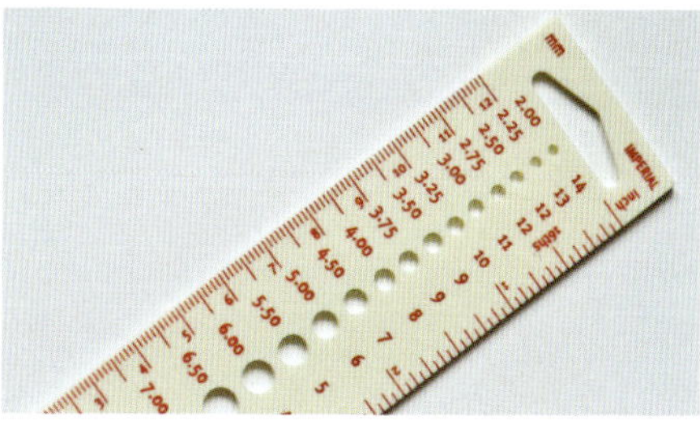

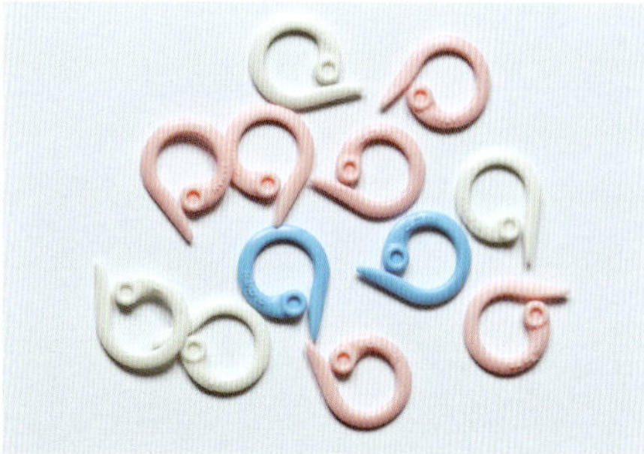

Marcadores de pontos são úteis para marcar pt. em carr. ou o 1º pt. no trabalho circular.

Tesouras pequenas e afiadas para cortar o fio e aparar as pontas.

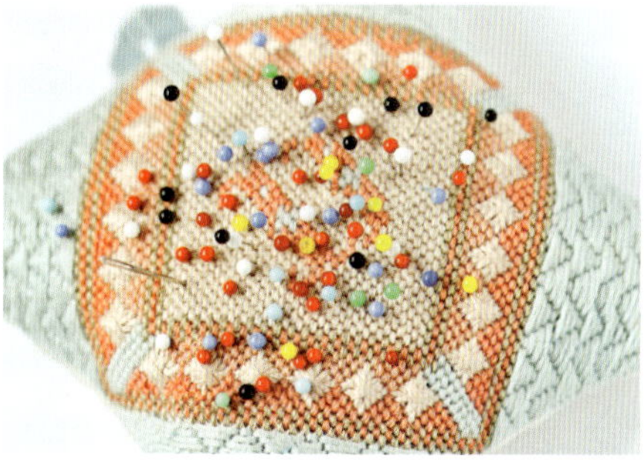

Alfinetes com cabeça de vidro para prender as partes durante a costura.

Agulha para tapeçaria para costurar e esconder pontas. As com olho maior facilitam passar o fio.

Fio

Fios bem fiados produzem bons resultados. A maioria dos projetos deste livro exige fio fino-médio ou fio médio. Você vai precisar de fio superfino para alguns detalhes. Tons de fios foram sugeridos em cada receita, mas você pode usar a cor que preferir, desde que sua amostra corresponda à indicada. Para melhores resultados, use fios naturais, como lã ou algodão, ou fios mistos. O fio 100% acrílico não mantém a forma tão bem quanto os fios naturais e é melhor evitá-lo para os sapatinhos que não tenham tiras ou outros meios de prender. Consulte na p. 142 uma lista dos fios usados nos projetos e as sugestões de fios nacionais equivalentes.

Legenda de fios

- **1 Superfino/4-fios**
- **2 Fino/Fio de bebê**
- **3 Fino-médio/DK/8-fios**
- **4 Médio/Aran/12-fios**
- **5 Fio grosso/volumoso**
- **6 Supervolumoso/artesanato**

Leitura de receitas

Para um iniciante, as receitas podem parecer grego. Mas as abreviações as tornam mais curtas e fáceis de seguir.

Abreviações de crochê

*****	início das repetições
( )	informações extras ou indicações de pontos a serem feitos em um único ponto
2p.a.jt.	dois pontos altos juntos
2p.b.jt.	dois pontos baixos juntos
ag.	agulha
aum.	aumento(s)/aumentar
carr.	carreira(s)
Cc	cor contrastante
cm	centímetro(s)
corr.	ponto correntinha
Cp	cor principal
dim.	diminuição(ões)/diminuir
esp.corr.	espaço de correntinha
fte.	frente
gr.	grupo
ini.	início/iniciar
lç.	laçada
mm	milímetro(s)
m.p.a.	meio ponto alto
msm.	mesmo(a)
p.a.	ponto alto
p.a. relevo fte.	ponto alto em relevo pela frente
p.a. relevo trás	ponto alto em relevo por trás
p.b.	ponto baixo
p.bx.	ponto baixíssimo
próx.	próximo
pt.	ponto(s)
rep.	repetição(ões)/repetir
rest.	restante
seg.	seguinte(s)/seguir/segue
últ.	último(s)/última(s)

Técnicas de crochê

O segredo do crochê está em combinar técnicas muito simples a outras mais elaboradas. Depois de aprender a fazer correntinhas, você poderá fazer vários pontos fantasia.

Como segurar a agulha e o fio

Segurar a ag. e o fio corretamente é fundamental para crochetar. É comum segurar a ag. como um lápis ou uma faca. Experimente e descubra qual é o modo mais confortável para você.

Como fazer o nó corrediço

O nó corrediço é o primeiro passo de qualquer projeto. Ele abre as portas do crochê. Faça uma alça com o fio. Enfie a ag. na alça, pegue com o gancho o fio que sai do novelo e passe-o pela alça. Puxe as duas pontas e aperte o nó. Você terá feito o primeiro pt. na ag.

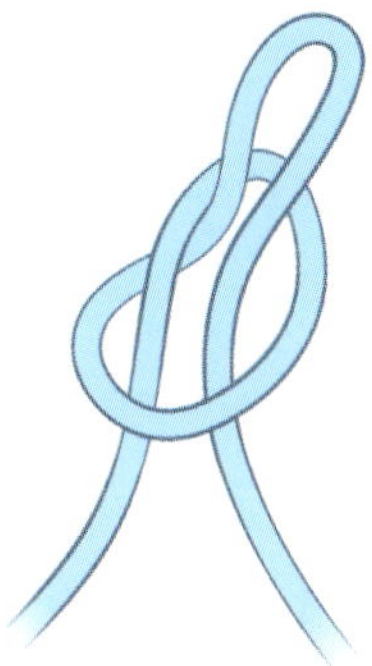

Como fazer correntinha (corr.)

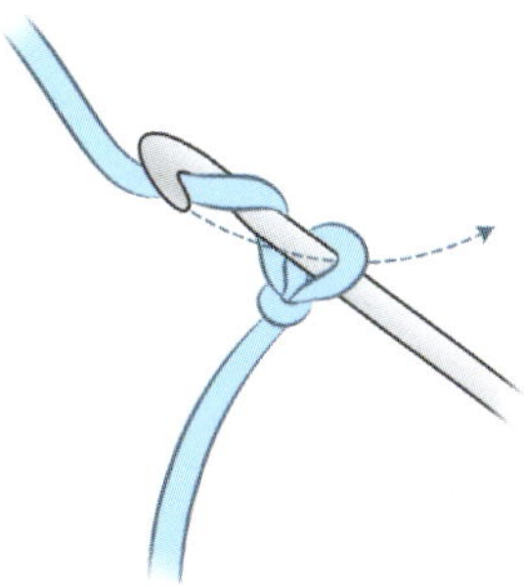

Antes de começar a correntinha (corr.), é preciso fazer um nó corrediço na ag. Segure a ponta solta do fio com a mão esquerda e, passando a ag. da frente para trás por baixo do fio, envolva com ele a ag. (lç.). Mantenha o fio esticado e passe a lç. por dentro do nó corrediço. Deixe o pt. folgado. Rep. até fazer o número que for necessário de corr. Segure a base do nó corrediço para manter a tensão enquanto a correntinha for crescendo.

Como contar correntinhas

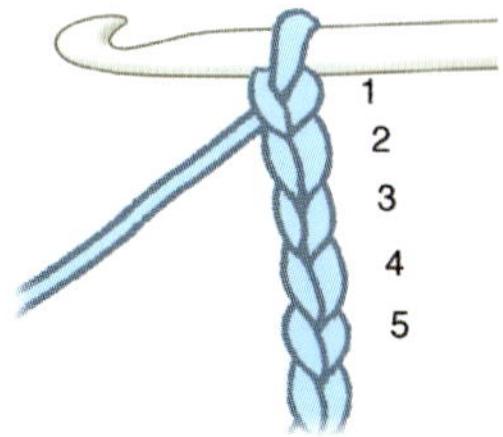

Para contar os pontos, use o "direito" do trabalho, o lado onde o formato em letra "V" é mais visível. Não conte o nó corrediço. Cada "V" é uma corr.

Como fazer ponto baixíssimo (p.bx.)

O ponto baixíssimo (p.bx.) é empregado para unir um pt. a outro, como ao fechar um círculo. Geralmente a ag. é enfiada nas duas alças do pt.; mas, nas corr. iniciais, trabalhe só na alça de trás. Enfie a ag. no próx. pt., envolva a ag. com o fio (lç.), como na corr., e puxe o fio por dentro das duas alças que estão na ag.

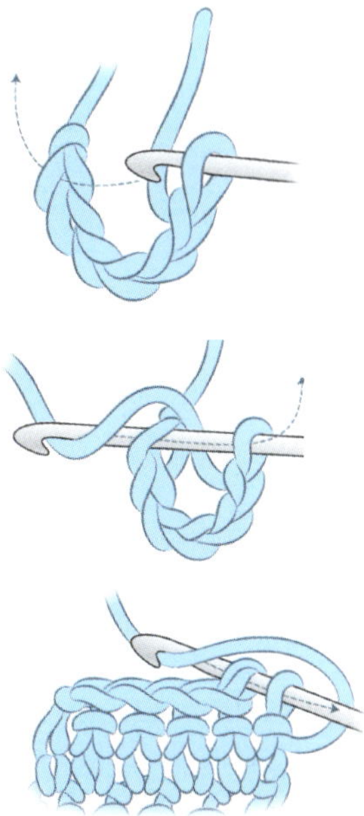

Trabalho circular

Como fazer anel de base (anel de corr.)

Faça o número de correntinhas (corr.) indicado na receita. Una a últ. corr. à 1ª com um ponto baixíssimo (p.bx.). Na 1ª volta, enfie a ag. no meio do anel de corr.

Trabalho em torno da corr. de base

Na sola, é preciso trabalhar nos dois lados da corr. de base. Primeiro, trabalhe em todas as corr. Faça o número de pontos indicado na últ. corr. e continue a trabalhar no outro lado da correntinha, até chegar ao fim. Faça o número de pontos que foi indicado na últ. corr. e una em círculo com p.bx. no pt. indicado.

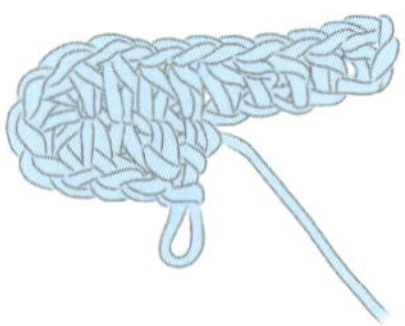

Trabalho na alça da fte., na alça de trás ou na alça rest.

Há duas alças no alto de cada pt. A que fica mais distante de quem vê é a alça de trás; a que fica mais próxima é a alça da frente. A alça que não foi trabalhada em uma carreira ou volta é a alça restante.

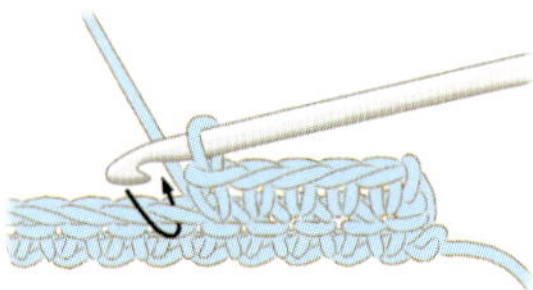

alça da frente

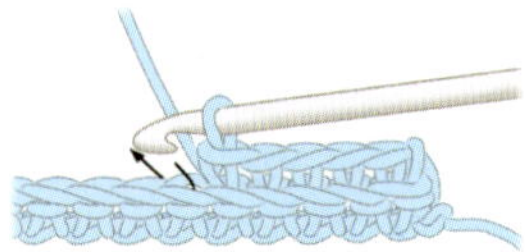

alça de trás

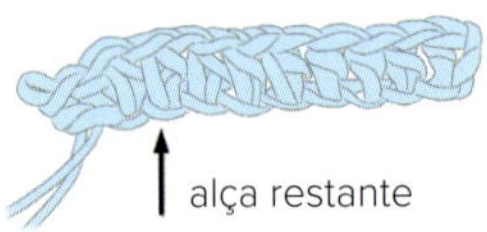

alça restante

Unir o fio

Para mudar de fio no meio do trabalho, termine o pt. com o novo fio. Por exemplo, ao mudar de cor em p.b. (abaixo), faça o passo 1 com a Cp, mas dê a laçada e faça o passo 2 com a Cc.

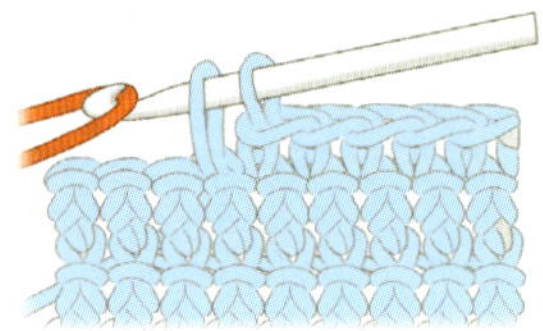

Pontos básicos

Ponto baixo (p.b.)

1. Enfie a ag. no próx. pt., da frente para trás, e puxe uma lç. pelo pt.; ficarão duas alças na ag.

2. Puxe uma nova lç. pelas duas alças para concluir o p.b.

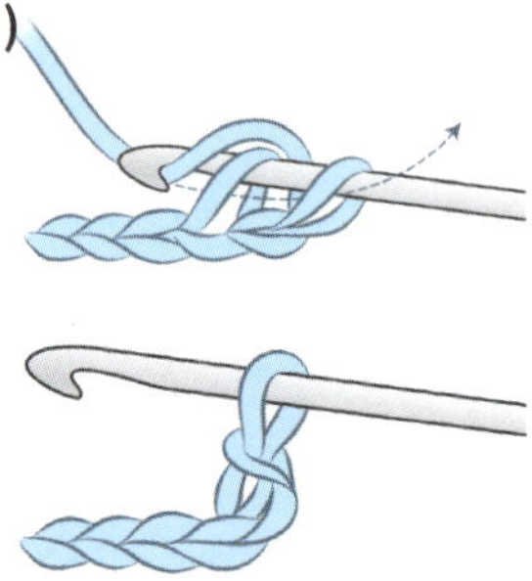

Ponto alto (p.a.)

O ponto alto torna a trama do tecido mais aberta justamente porque os pontos são mais altos.

1. Faça uma lç. na ag. Enfie a ag. no próx. pt., da frente para trás; puxe outra lç. por dentro do pt.

2. Haverá 3 alças na ag.; puxe uma lç. por dentro de 2 delas.

3. Haverá 2 alças na ag.; puxe uma lç. por elas para concluir o pt.

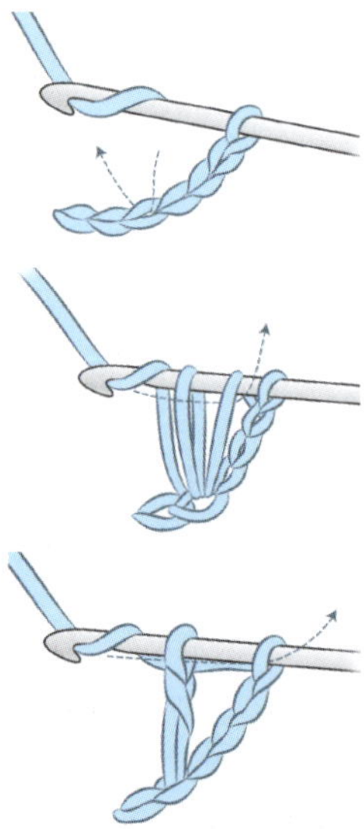

Meio ponto alto (m.p.a.)

Esse ponto é o que seu próprio nome diz: metade de um ponto alto (ele é levemente mais baixo). Para obtê-lo, faça até o passo 2 do ponto alto, depois puxe a lç. em um único movimento por dentro das 3 alças na ag.

Pontos especiais

Dois pontos baixos juntos (2p.b.jt.)

Comece trabalhando um p.b., mas não o termine, deixando as 2 alças na ag. Enfie a ag. no próx. pt., puxe uma lç. com o fio; você terá 3 alças na ag. Puxe uma lç. por dentro das 3 alças para concluir o pt.

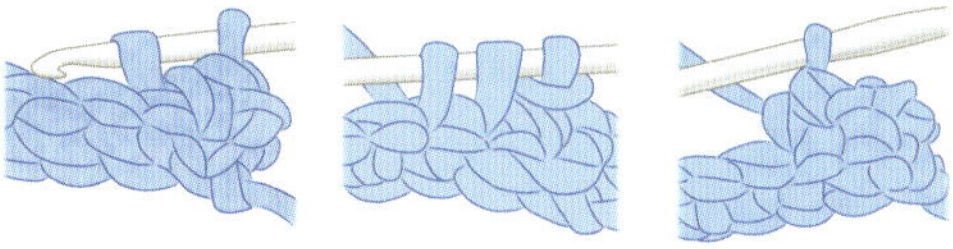

Dois pontos altos juntos (2p.a.jt.)

Comece trabalhando um p.a. no próx. pt., mas não o termine, deixando 2 alças na ag. Faça, em seguida, outro p.a. incompleto no próx. pt. Dessa maneira, você terá 3 alças na ag. Puxe uma lç. passando por dentro das 3 alças para concluir o pt.

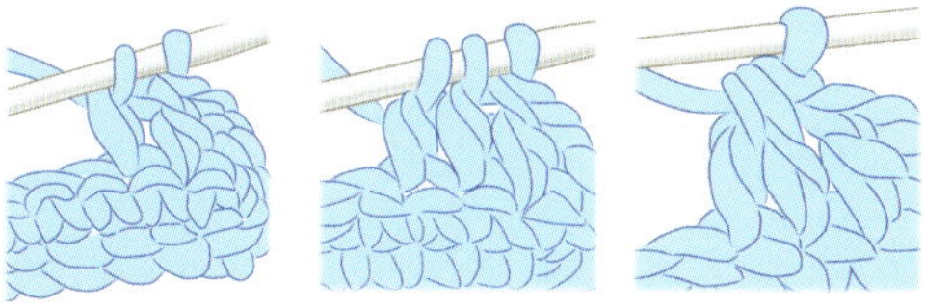

Oito pontos altos juntos (8p.a.jt.)

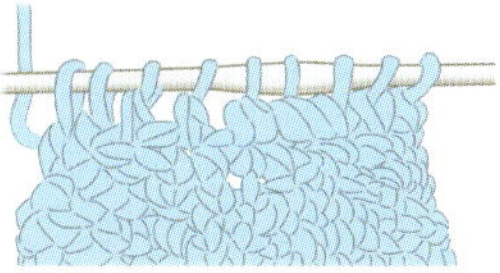

Comece a fazer um p.a. no próx. pt., mas não o termine e deixe 2 alças na ag. Faça pontos altos incompletos nos próx. 7pt.; ficarão 9 alças na ag. Puxe uma lç. por dentro das 9 alças e faça uma corr. para concluir o pt. Para fazer 10p.a.jt., 11p.a.jt. ou 12p.a.jt., siga exatamente os mesmos passos dos 8p.a.jt., mas em vez de 8, faça 10, 11, ou 12 pt. e feche-os juntos.

Ponto caranguejo

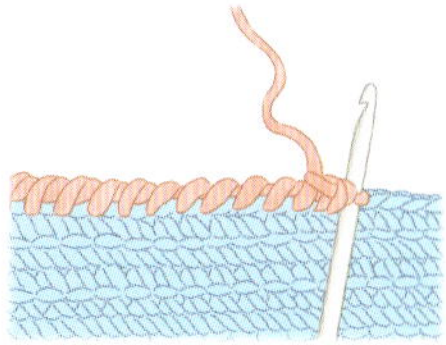

Quando terminar a últ. carr., não vire o trabalho; *enfie a ag. no primeiro pt. à direita, puxe uma lç.; puxe outra lç. pelas 2 alças na ag.; rep. * até o fim da carreira.

Ponto alto em relevo pela frente (p.a. relevo fte.)

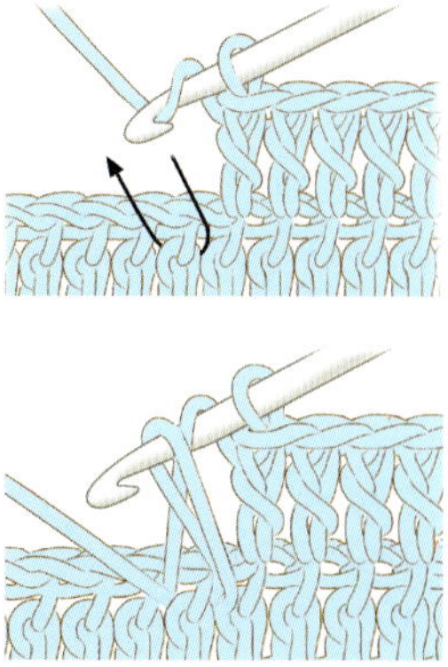

Lç., enfie a ag. da frente para trás ao redor do corpo do próx. pt., puxe uma lç.; ficarão 3 alças. Complete o pt. como um p.a. normal.

Ponto alto em relevo por trás (p.a. relevo trás)

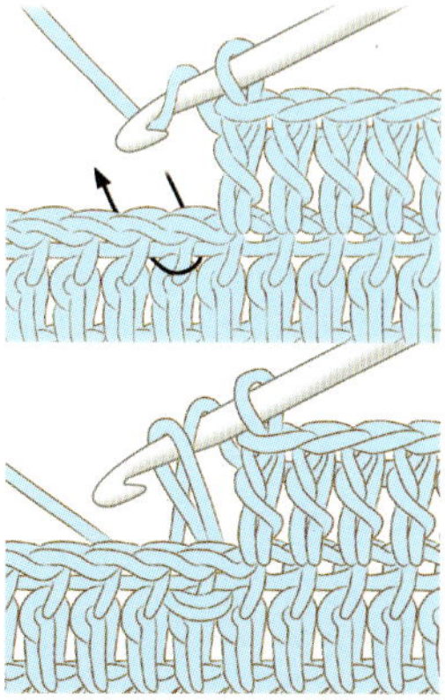

Lç,. enfie a ag. de trás para a frente ao redor do corpo do próx. pt., puxe uma lç. de forma a obter 3 alças. Complete o pt. como um p.a. normal.

Ponto em V
(p.a., corr, p.a.) no pt. indicado.

Grupo (gr.)
*Lç., enfie a ag. no pt. indicado, puxe uma lç., puxe outra lç. pelas 2 alças na ag.; rep. * mais 2 vezes. Puxe uma lç. por dentro das 4 alças.

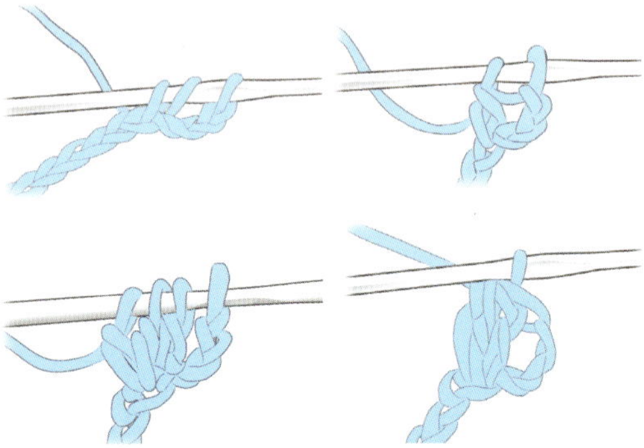

Leque de grupos (leq.gr.)
(gr., 3corr., gr., 3corr., gr., 3corr., gr.) no pt. indicado.

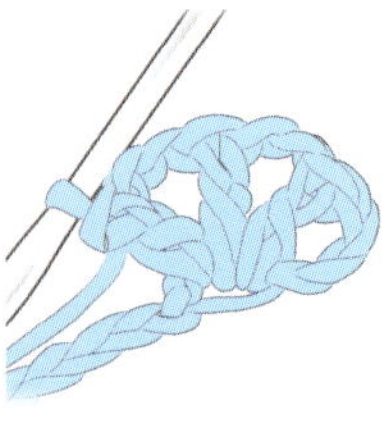

Leque
(p.a., 2corr., p.a., 2corr., p.a.) no pt. indicado.

Acabamento

Como arrematar

1. Depois de concluir o últ. pt., corte o fio do novelo, deixando uma ponta de, no mínimo, 10 cm.

2. Passe a ponta pela última alça e puxe bem firme para arrematar.

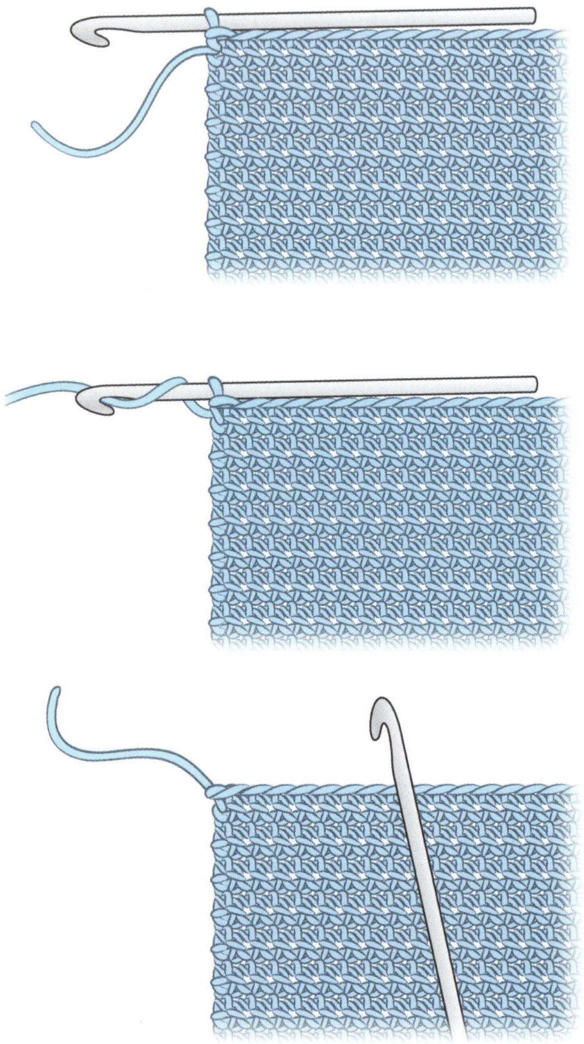

Esconder pontas

1. Use a ag. de crochê para passar o fio por pelo menos 5 pt., por cima e por baixo, para conseguir, dessa forma, prender e esconder a ponta.

2. Corte o excesso de fio para obter um acabamento perfeito.

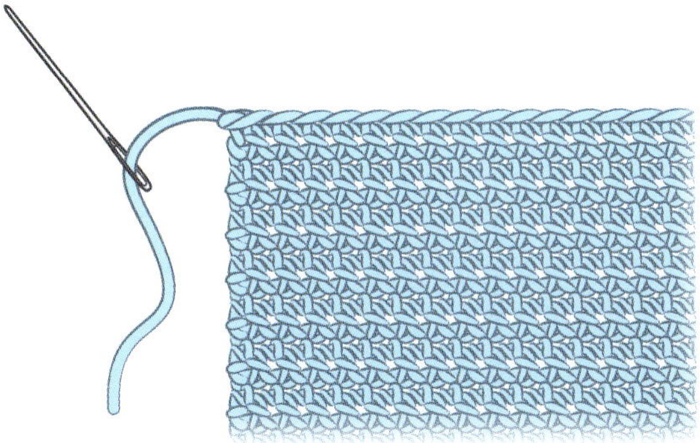

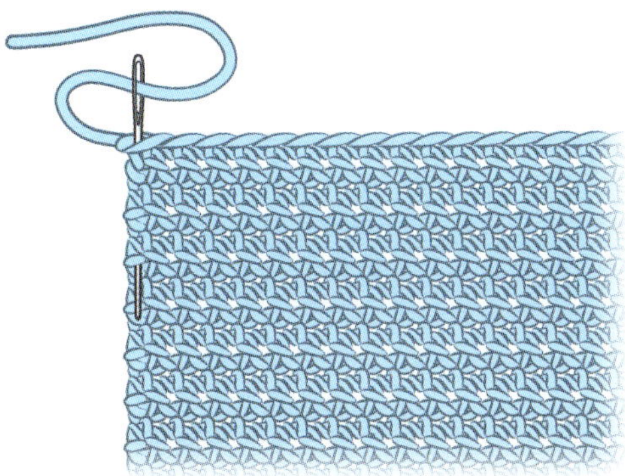

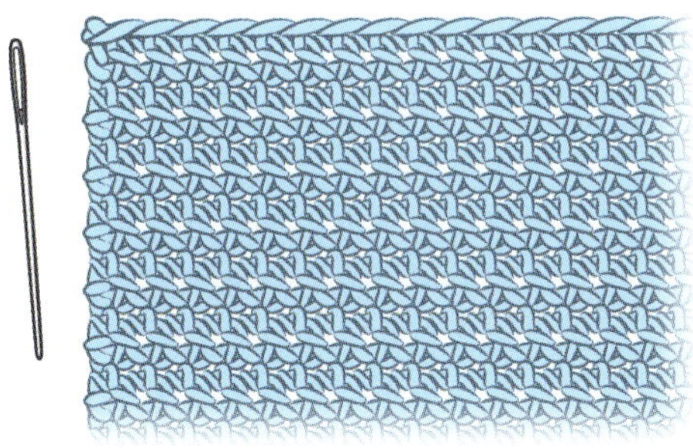

Como fazer um cordão torcido

Corte um pedaço de fio que meça 3 vezes o comprimento desejado para o cordão torcido. Pendure o fio pelo meio em um gancho ou maçaneta de porta. Com os dedos, comece a torcer as duas pontas do fio juntas. Quanto mais apertados os fios forem torcidos, mais firme será o cordão, mas isso também vai reduzir seu comprimento final.

Retire o cordão do gancho ou da maçaneta, segure-o pelo meio e junte as duas pontas, que vão se enrolar uma na outra. Puxe com firmeza para igualar o cordão, dê um nó nas pontas e corte a sobra.

Ponto-atrás

Em diversos projetos deste livro serão necessários pontos de costura em alguma etapa. O ponto-atrás é um ótimo recurso. Veja o passo a passo a seguir para saber como fazê-lo da direita para a esquerda:

1. Passe a ag. para cima, atravessando o trabalho, e faça um pt. para a direita.

2. Leve a ag. para cima e para a esquerda, à distância de um pt.

3. Faça um pt. para a direita, coincidindo com o início do 1º pt.

4. Rep. até o fim da costura.

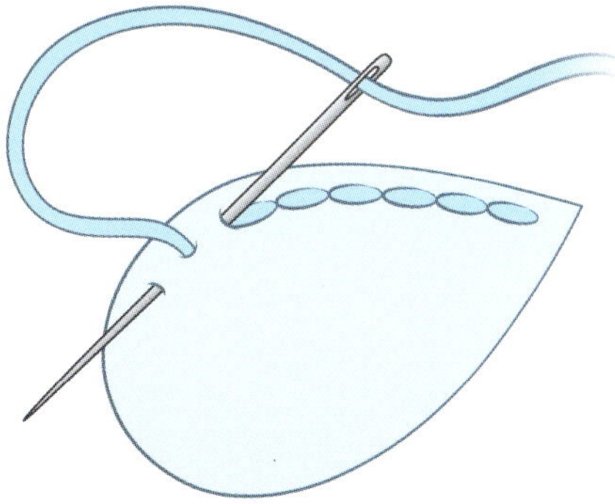

Solas

A maior parte dos projetos deste livro começa com uma sola. A sola 1 é usada em projetos feitos com fio fino-médio; já a sola 2 é usada em projetos feitos com fio médio. Nos dois tipos de projetos, é preciso unir o últ. m.p.a. ao 1º e começar a volta seg. pelo próx. pt., não pelo que foi unido no fim da volta anterior. As instruções de cada projeto indicam se é preciso que a sola seja ou não arrematada.

A sola dupla é utilizada em algumas botinhas e em todas as sandálias. Os cabedais das sandálias são leves, e a sola dupla ajuda a reforçá-las, deixando-as mais resistentes e com um formato melhor. A maioria das sandálias é feita com fio fino-médio e a técnica da sola dupla 1. A exceção é a sandália de tiras trançadas (pp. 104-6), que é feita com fio médio e requer a sola dupla 2. Nas solas duplas, tome o cuidado de uni-las com o número correto de p.bx. Isso é fundamental para a contagem certa dos cabedais.

Sola 1

Para idades:

0-6 meses, comp. da sola: 9 cm

6-12 meses, comp. da sola: 10 cm

Mudanças para 6-12 meses estão entre [ ]

Volta 1: 11[13]corr., m.p.a. na 3ª corr. a partir da ag., m.p.a. nos próx. 7[9]pt., 6m.p.a. na últ. corr.; no outro lado, faça m.p.a. nos próx. 7[9]pt., 5m.p.a. na últ. corr., una com p.bx. no 1º m.p.a.

Volta 2: 1corr., m.p.a. nos próx. 8[10]pt., 2m.p.a. em cada um dos próx. 5pt., m.p.a. nos próx. 8[10]pt., 2m.p.a. em cada um dos próx. 5pt., una com p.bx. no 1º m.p.a.

Volta 3: 1corr., m.p.a. nos próx. 8[10]pt., *2m.p.a. no próx. pt., 1m.p.a. no próx. pt.; rep. * mais 4 vezes, m.p.a. nos próx. 8[10]pt., rep. * mais 5 vezes, una com p.bx. no 1º m.p.a.

Sola 2

Para idades:

0-6 meses, comp. da sola: 9 cm

6-12 meses, comp. da sola: 10 cm

Mudanças para 6-12 meses estão entre [ ]

Volta 1: 9[11]corr., m.p.a. na 3ª corr. a partir da ag., m.p.a. nos próx. 5[7]pt., 6m.p.a. na últ. corr.; no outro lado, faça m.p.a. nos próx. 5[7] pt., 5m.p.a. na últ. corr., una com p.bx. no 1º m.p.a.

Volta 2: 1corr., m.p.a. nos próx. 6[8]pt., 2m.p.a. em cada um dos próx. 5pt., m.p.a. nos próx. 6[8]pt., 2m.p.a. em cada um dos próx. 5pt., una com p.bx. no 1º m.p.a.

Volta 3: 1corr., m.p.a. nos próx. 6[8]pt., *2m.p.a. no próx. pt., 1m.p.a. no próx. pt., rep. * mais 4 vezes, m.p.a. nos próximos 6[8]pt., *2m.p.a. no próx. pt., 1m.p.a. no próx. pt., rep. * mais 4 vezes, p.bx. no 1º m.p.a.

Solas duplas

Para fazer uma sola dupla, siga o projeto e veja se você precisa crochetar uma sola 1 ou uma sola 2. Em qualquer um dos dois casos, a montagem é igual.

Comece fazendo duas solas. Arremate apenas a primeira (foto 1). Com as solas avesso contra avesso, puxe a lç. que você deixou aberta da segunda sola (foto 2) pelo pt. correspondente da primeira e una--as com p.bx. em toda a volta; 46[50]p.bx. na sola dupla 1 e 42[46] p.bx. na sola dupla 2. Arremate (foto 3).

Nota: Na maioria dos projetos com solas duplas, o cabedal começa na lateral da sola. Há 9[11]pt. no centro e cada receita indicará se é para começar no pt. central ou em outro pt. Conte os pt. da direita para a esquerda, conforme mostrado.

Sola antiderrapante

Você não precisa se preocupar com solas antiderrapantes até o bebê dar os primeiros passos. Quando isso acontecer, é hora de tomar providências e então as antiderrapantes serão altamente recomendáveis. Elas podem ser feitas de várias maneiras.

Sola de camurça Corte uma sola e, com uma ag. grossa de tapeçaria, faça furos grandes na volta para poder inserir a ag. de crochê dentro deles e trabalhar. Faça um furo para cada pt. da primeira volta do cabedal. Com a sola completa, pule as instruções de sola padrão e faça o cabedal usando a sola de camurça como base. Na primeira volta, use a menor ag. de crochê possível, pois será mais fácil enfiá-la nos furos. Nas voltas seguintes, passe para a ag. indicada na receita.

Adicionar textura Costure algo na sola, como pedaços grandes de elástico ou restos de fio, para que fique áspera. Também existem adesivos especiais à venda em lojas de artesanato.

Tinta puff
É possível comprar, em lojas especializadas, um produto conhecido como tinta puff, que você pode aplicar na sola dos sapatos. Algumas tintas precisam ser aquecidas, e isso pode ser feito passando o ferro quente sobre elas, para ficarem em relevo. Outras marcas de puff não necessitam de calor. Crochete as duas solas. Arremate, mas não aperte; assim, se a receita pedir, você poderá abrir o arremate para fazer o cabedal quando a sola estiver pronta. Caso haja necessidade, faça as modificações na sola. Siga as instruções do fabricante para aplicar a tinta puff. Depois que a tinta estiver em relevo, faça o cabedal.

Fios originais dos projetos

SAPATOS

Sapatilha de balé
Sirdar Snuggly Baby Bamboo DK (80% bambu, 20% lã): Jolly Spicy Red (173)

Sapato boneca
Cp: Patons DK (100% algodão): Apple (2205)
Cc: Sirdar Snuggly Baby Bamboo DK (80% bambu, 20% lã): Cream (131); Rowan Baby Merino Silk DK (66% merino, 34% seda): Limone (675)

Pantufa clássica
Cp: Sirdar Simply Recycled DK (51% algodão, 49% acrílico): Denim Wash (016)
Cc: Sirdar Simply Recycled DK (51% algodão, 49% acrílico): Chalk White (010)

Sapatilha de ponta
Patons Smoothie DK (100% acrílico): Apricot (2004)

Sapato brogue
Cp: Sirdar Snuggly Baby Bamboo DK (80% bambu, 20% lã): Cream (131)
Cc: Patons 4-ply (100% algodão): Chocolate (1162)

Sapato vazado
Rowan Kid Classic Aran (70% lã, 26% mohair, 4% náilon): Feather (828)

Sapatilha com cereja
Cp: Sirdar Snuggly Baby Bamboo DK (80% bambu, 20% lã): Cream (131)
Cc: Patons DK (100% algodão): Apple (2205); Sirdar Snuggly Baby Bamboo DK (80% bambu, 20% lã): Jolly Spicy Red (173)

Sapato de festa
Cp: Sirdar Simply Recycled DK (51% algodão, 49% acrílico): Pumice (021)
Cc: Sirdar Simply Recycled DK (51% algodão, 49% acrílico): Seashells (017)

Tamanco clog
King Cole Cottonsoft DK (100% algodão): Mint (715)

Mocassim
Cp: Rowan Pure Wool DK (100% lã): Tan (054)
Cc: Rowan 4-ply (50% merino, 50% algodão): String (481)

BOTINHAS

Bota vintage
Cp: Sirdar Simply Recycled DK (51% algodão, 49% acrílico): Seashells (017)
Cc: Sirdar Simply Recycled DK (51% algodão, 49% acrílico): Canvas (011)

Bota com botões
Sirdar Simply Recycled DK (51% algodão reciclado, 49% acrílico): Pumice (021)

Bota de caubói
Cp: Rowan DK (50% merino, 50% algodão): Cafe (985)
Cc: Patons DK (100% algodão): Chocolate (2162); Patons DK (100% algodão): Silver (2172)

Bota de pele
Cp: Rowan Cotton Glace DK (100% algodão): Toffee (843)
Cc: Rowan Cotton Glace DK (100% algodão): Oyster (730)

Bota de camurça
Cp: Sirdar Simply Recycled Aran: Raffia (0034)
Cc: Rowan Pure Wool DK (100% lã): Anthracite (003)

Bota com franja
Cp: Sirdar Simply Recycled DK (51% algodão, 49% acrílico): Clay (0011)
Cc: Rowan Cotton Glace DK (100% algodão): Oyster (730)

Bota esportiva
Cp: Sirdar Snuggly Baby Bamboo DK (80% bambu, 20% lã): Jolly Spicy Red (173)
Cc: Sirdar Snuggly Baby Bamboo DK (80% bambu, 20% lã): Cream (131)

Bota radical
Patons DK (100% algodão): Chocolate (2162)

Bota para neve
Cp: Patons Diploma Gold DK (55% lã, 25% acrílico, 20% náilon): Bright Aqua (06243)
Cc: Rowan Pure Wool DK (100% lã): Anthracite (003)

Bota de trabalho
Cp: Rowan DK (50% merino, 50% algodão): Brolly (980)
Cc: Patons DK (100% algodão): Chocolate (2162)

SANDÁLIAS

Sandália de tiras finas
Rowan Baby Merino Silk DK (66% merino, 34% seda): Limone (675)

Sandália grega
Cp: Patons DK (100% algodão): Silver (2172)
Cc: Sirdar Simply Recycled DK (51% algodão reciclado, 49% acrílico): Canvas (011)

Sandália de tiras largas
DMC Natura Just Cotton 4-ply (100% algodão): Amaranto (N33)

Sandália de tiras trançadas
Sirdar Simply Recycled Aran: Raffia (0034)

Sandália com babadinho
Cp: Patons Smoothie DK (100% acrílico): Apricot (2004)
Cc: Rowan Pure Wool DK (100% lã): Anthracite (003)

Sandália básica
Cp: Sirdar Simply Recycled DK (51% algodão reciclado, 49% acrílico): Greenhouse (014)
Cc: Sirdar Simply Recycled DK (51% algodão reciclado, 49% acrílico): Cork (012)

Espadrilha
Cp: Rowan Cotton Glace DK (100% algodão): Oyster (730)
Cc: Sirdar Snuggly Baby Bamboo DK (80% bambu, 20% lã): Jolly Spicy Red (173)

Sandália com flor
Cp: Sirdar Simply Recycled DK (51% algodão, 49% acrílico): Cork (012)
Cc: Patons DK (100% algodão): Apple (2205); Sirdar Simply Recycled DK (51% algodão, 49% acrílico): Seashells (017)

Pantufa com pompom
Sirdar Snuggly Baby Cotton DK (100% algodão): Bo Peep Pink (156)

Sandália de gladiador
Cp: Sirdar Simply Recycled DK (51% algodão, 49% acrílico): Cork (012)
Cc: Sirdar Simply Recycled Aran: Raffia (0034

Agradecimentos da autora

Agradeço a Caroline Smith, que me ofereceu essa oportunidade depois de ler minha entrevista na revista *Inside Crochet*, e a Claire Montgomerie (editora da revista *Inside Crochet*) pela entrevista. Agradeço ainda à equipe da Quantum: Samantha Warrington, Hazel Eriksson e Luise Roberts, que trabalharam comigo neste livro; Anna Southgate, pelo apoio editorial; e Blanche Williams, pelo design do livro. Agradeço à minha família pelo apoio e incentivo: minha mãe, meu irmão, meu marido e minha avó que me ensinou a fazer crochê. E agradeço aos meus filhos, Sophie e Alexandre, por serem minha maior inspiração.

Para ver mais projetos de Vita, visite o site http://monpetitviolon.com

Fios nacionais

Veja na tabela a seguir algumas sugestões de fios nacionais para os projetos deste livro. Ao substituir fios é ainda mais importante testar amostras até obter uma que fique igual à da receita.

FIO	FABRICANTE	PESO E METRAGEM	COMPOSIÇÃO
Alfazema	Círculo	100 g, 165 m	100% algodão
Amore Baby	Círculo	100 g, 200 m	100% acrílico
Baby	Pingouin	40 g, 130 m	64% acrílico, 25% viscose, 11% poliamida
Baby	Lanafil	100 g, 420 m	100% acrílico
Baby Charm	Aslan	100 g, 530 m	100% acrílico
Baby Color	Schoeller Stahl	25 g, 95 m	100% lã merino
Baby Star	Aslan	50 g, 135 m	75% acrílico, 25% viscose
Balloon	Pingouin	100 g, 300 m	58% algodão, 42% acrílico
Bambino	Pingouin	100 g, 400 m	100% acrílico
Bebê Comfort	Cisne/Corrente	100 g, 330 m	90% acrílico, 10% poliamida
Bebê Fashion	Cisne/Corrente	100 g, 465 m	100% acrílico
Bebê Todo Dia	Cisne/Corrente	100 g, 330 m	100% acrílico antibolinha
Belli	Purafibra	100 g, 400 m	87,5% acrílico, 12,5% raiom
Carícia	Pingouin	100 g	85% algodão, 15% poliamida
Carinho	Pingouin	100 g, 200 m	100% acrílico
Fio de lã merino DK 6ply	Da Fazenda	100g, 260 m	100% lã merino
Fofura	Círculo	100 g	100% acrílico
Harmonia	Aslan	100 g, 180 m	100% acrílico
Keamor	Pingouin	40 g, 200 m	85% acrílico, 15% poliamida
Linha Ateliê	Pingouin	100 g, 169 m	100% algodão
Linha Bella	Pingouin	150 g, 405 m	100% algodão
Linha Eco	Cisne/Corrente	150 g, 225 m	15% poliéster, 85% algodão
Mais Bebê	Círculo	100 g, 500 m	100% acrílico
Motitas	Cisne/Corrente	100 g, 215 m	90% acrílico, 10% poliéster
Sensação	Aslan	100 g, 150 m	70% acrílico, 30% lã
Superbebê	Cisne/Corrente	100 g, 467 m	100% acrílico
Superbebê com Acetato	Cisne/Corrente	100 g, 313 m	72% acrílico, 28% acetato
Travessura	Cisne/Corrente	100 g, 260 m	97% acrílico, 3% poliéster
Viena	Círculo	100 g, 375 m	100% acrílico

índice